敦煌壁画绘画语言研究

邢雯雯 著

新华出版社

图书在版编目 (CIP) 数据

敦煌壁画绘画语言研究 / 邢雯雯著 . — 北京 : 新华出版社 , 2020.7

ISBN 978-7-5166-5227-5

Ⅰ . ①敦… Ⅱ . ①邢… Ⅲ . ①敦煌壁画 – 研究 Ⅳ . ① K879.414

中国版本图书馆 CIP 数据核字（2020）第 124454 号

敦煌壁画绘画语言研究

著　　者：邢雯雯

责任编辑：蒋小云　　封面设计：崔　蕾

出版发行：新华出版社

地　　址：北京石景山区京原路 8 号　　邮　　编：100040

网　　址：http：//www.xinhuapub.com

经　　销：新华书店

新华出版社天猫旗舰店、京东旗舰店及各大网店

购书热线：010-63077122　　中国新闻书店购书热线：010-63072012

照　　排：北京亚吉飞数码科技有限公司

印　　刷：北京亚吉飞数码科技有限公司

成品尺寸：170mm × 240mm

印　　张：13.5　　字　　数：175 千字

版　　次：2021 年 5 月第一版　　印　　次：2021 年 5 月第一次印刷

书　　号：ISBN 978-7-5166-5227-5

定　　价：70.00 元

前 言

敦煌石窟艺术是由建筑、雕塑、壁画结合在一体的中国古代艺术百科全书。其历经千年，贯穿北魏、西魏、北周、隋、唐、五代、北宋、西夏、元等十六个朝代，之间互相辉映、互相补充，经历了自然和历史的洗礼，融合了不同的地域文化，产生了不同的艺术形态，共同构成了完整的敦煌石窟艺术。敦煌壁画是敦煌石窟艺术的主要组成部分，将民族艺术与宗教艺术完美融合，是中华民族艺术的瑰宝。现存壁画4.5万平方米，其规模巨大，且数量繁多，内容丰富，技艺精湛，有“当今最大的美术博物馆”之美誉。敦煌壁画向人们展示了一个极乐世界，在国内乃至于世界造型艺术中也占据着非常重要的地位。它的艺术价值、文化价值将值得我们世代研究。

本书结合敦煌的历史文化背景，通过对敦煌壁画的绘画语言进行梳理分析，系统的解读壁画所体现的艺术风格、艺术特征和敦煌壁画的构图方式、造型手法、色彩结构、绘制技法。力图通过分析整理和对文献史的考察，从敦煌壁画的构成格局入手，运用图像学、艺术学和文献学的研究方法，结合资料引证，对敦煌壁画的文化特质、艺术特色和表现手法做出较为全面的综合概览。这部分研究更是极大地丰富了后人对中国传统绘画技法与风格的认识，进而探讨传统艺术对当代艺术创作实践的价值与意义。

此外，本书的撰写还借鉴和参考了部分专家学者的文章与书籍，从这些文章和书籍中作者受益匪浅，在此，对这些专家们一并表示感谢。同时，著作难免存在纰漏之处，恳请老师、同道们斧正。

目　录

第一章　敦煌壁画的概述

一、敦煌壁画的特点

敦煌，位于甘肃西部，古代河西走廊的最西端，是沙漠中的绿洲，是古代中原进入西域的门户，也是文化体系汇流的地方。敦煌莫高窟是中国现今保存最大的石窟，历经数代的修建，其规模非常庞大宏伟。现有洞窟 492 个，壁画 45000 平方米，彩塑 2000 余尊，敦煌石窟艺术是集建筑、雕塑、壁画三者互相结合的统一整体，是实用性和艺术性有机结合的产物。民间画师一方面继承中华民族艺术的精髓，同时又吸收了外来艺术的艺术形式，并加入西域佛教题材，经过世代人的继承与发展，最终形成了具有本土特色的艺术，成为人类稀有的文化宝藏。敦煌壁画是敦煌石窟艺术的主要组成部分，是中华民族源远流长的艺术的瑰宝，规模巨大，且数量繁多，内容丰富，技艺精湛。（图 1-1）

图 1-1　第 248 窟

根据敦煌壁画发展、演变的轨迹来看，秦汉时期的大一统，让古代中原地区得到了短暂的平静。敦煌是汉武帝建立的河西四郡之一，当时的敦煌郡，领六县，扼两关，居民近四万人，是一个地处东西交通要冲繁荣的边陲重镇。张骞两次出使西域之后，发自长安，连于西海，长达七千余公里的丝绸之路上，僧俗交往，商旅如织。汉晋以来，敦煌一直是著名的丝绸贸易市场。

魏晋南北朝时期，持续不断战乱、频繁改朝换代、阶级与民族矛盾尖锐复杂。在这一时期，佛教的传入、道教的兴起、玄学的流行，使壁画艺术在内的整个造型艺术从内容到形式都发生了重大变化。北魏西魏时期，敦煌已有佛教活动，敦煌壁画在继承汉代美术传统精髓的基础上，融入了佛教文化。敦煌壁画属于佛教传入我国的早期作品，绘画的风格比较粗犷，以大而整的笔法绘制，不强调细致刻画，不注重发挥线描的作用，可以看出这一时期壁画主要受西域壁画的影响，佛、菩萨较多地体现着西域的形象特征。（图 1–2）壁画的内容多以释迦佛和菩萨为主体，形象多为正面，只有药叉、伎乐、飞天等次要的神格和世俗人物出现侧面像。在主体形象的刻画上，敦煌壁画也都处处独具匠心，如在佛像身体上添加上飘带锦带等装饰，从而营造出佛像庄严中带有活泼，使人感觉到静而不滞的效果。整体风格与中原地带的魏晋时期绘画不同，从而形成了较为规范的体系。色彩的运用上也与其他的壁画有着渊源关系。在背景色的处理上使用土红色，并且运用土红色勾线落稿。构图采用了散点、平列的长卷式的形式，极富装饰性，为后世佛教壁画的发展奠定了基础。综上所述，外来影响的痕迹在魏晋壁画中非常明显，既引入了印度佛教和西域的绘画风格，又加入了中国式的特点，逐渐以敦煌本土文化传统为基础，从而形成了自己的特点。这种西域式和中原式两方面风格并存的局面一直延续到隋代。其中以第 249 窟、第 250 窟、第 254 窟、第 257 窟、第 290 窟、第 428 窟的壁画作品较为重要。（图 1–3、图 1–4、图 1–5、图 1–6、图 1–7）

图 1–2　第 249 窟

图 1–3　第 249 窟

图 1–4　第 254 窟

图 1-5　第 257 窟

图 1-6　第 290 窟

图 1-7　第 428 窟

隋朝是中国历史发展进程中一个短暂的时期，这个阶段虽然存在的时间比较短，但是却对中国历史的发展产生了重要影响，为唐朝的大一统奠定了基础。隋朝时期，上承魏晋南北朝时期，下启唐朝的大繁荣时期，在这一历史阶段，隋朝起到了重要的承上启下作用。因此，隋朝时期的壁画发展带有自身的典型特点。隋代是敦煌壁画的融合与创新期，在北朝石窟壁画传统的基础上，大胆吸收了不同地域、不同风格的新元素，呈现出别具一格的艺术风貌。（图 1-8）隋文帝大力提倡佛教，在他统治时期，曾直接派中使到敦煌建讲堂，在全国大建佛寺，精绘壁画，仅在敦煌莫高窟就修建了七八十个洞窟，敦煌即是在这种难得的机缘下获得了空前发展，是莫高窟建窟最多的朝代。在人物塑造上赋予了各不相同的个性特征及精神情态，如庄严亲切的菩萨脸型就出现了广额、秀额、长方形、方形等不同特点的形象。故事画大多采用长卷式连环画的形式，加入以山水树木作为背景，并逐步改变人物与背景的面积大小。随着朝代的更替，新型的经变画艺术开始流行，如法华经变、维摩诘经变、弥勒经变、药师经变、阿弥陀净土变等占据着较大的空间，而早期的佛传与本生故事等内容的壁画在保留的基础上逐渐减少，尤其在隋代末期，经变画已成了当时的主流。（图 1-9）可以说经变画的发展，促进了中国绘画对于空间表现的追求。绘画特征上也形成了疏体、密体两种派别。当时的线描也发生了变化，既有精致的铁线描，也创出了效果豪放的兰叶描法。在晕染法中既不像西域只强调晕染，不注重神采造型，也不像中原只注重线描，不注重形体造型，而是把外来的技术与中原的民族技法相融合，注重神韵并兼顾写实，使人物形象更加的精致立体，从而促进了民族画风的发展。在色彩方面，隋代壁画的颜色更加丰富多彩，绿、青、蓝取代了土红色作为画面的主导色系，把隋代壁画推向了新的高度。

图 1-8　第 62 窟

图 1-9　第 276 窟

敦煌莫高窟中的隋代壁画窟现存 16 个：第 62 窟、第 276 窟、第 278 窟、第 295 窟、第 302 窟、第 305 窟、第 311 窟、第 390 窟、第 397 窟、第 402 窟、第 403 窟、第 407 窟、第 419 窟、第 420 窟、第 427 窟。第 62 窟《供养人》和《牛车图》保存较为完整，色泽鲜明，人物面容丰满，表情端庄慈祥。第 278 窟包括《夜半逾城》和《乘象入胎》；第 302 窟是表现菩萨本生故事题材的主要代表窟，包括《睒子本生图》《萨埵那太子本生》《福田经变》等。第 420 窟绘有《法华经变图》。《弥勒佛说法图》该壁画是隋朝时期非常重要的洞窟壁画作品，位于甘肃敦煌莫高窟 390 窟北壁中央。弥勒曾是释迦牟尼的弟子之一。释迦牟尼即将涅槃时，弥勒先于佛涅槃。在弥勒去世之前，佛预言说，弥勒命终后将上升到兜率天宫，在那里命终后将降生人间，继释迦牟尼佛之后成道而为弥勒佛。敦煌石窟壁画题材上除了上述以外，还有《普门品》《维摩诘经变》《文殊师利》《须达那本生》《莲花藻井》等。（图 1-10、图 1-11、图 1-12、图 1-13、图 1-14、图 1-15、图 1-16、图 1-17、图 1-18、图 1-19）

图 1-10　第 278 窟

图 1-11　第 302 窟

图 1-12　第 305 窟

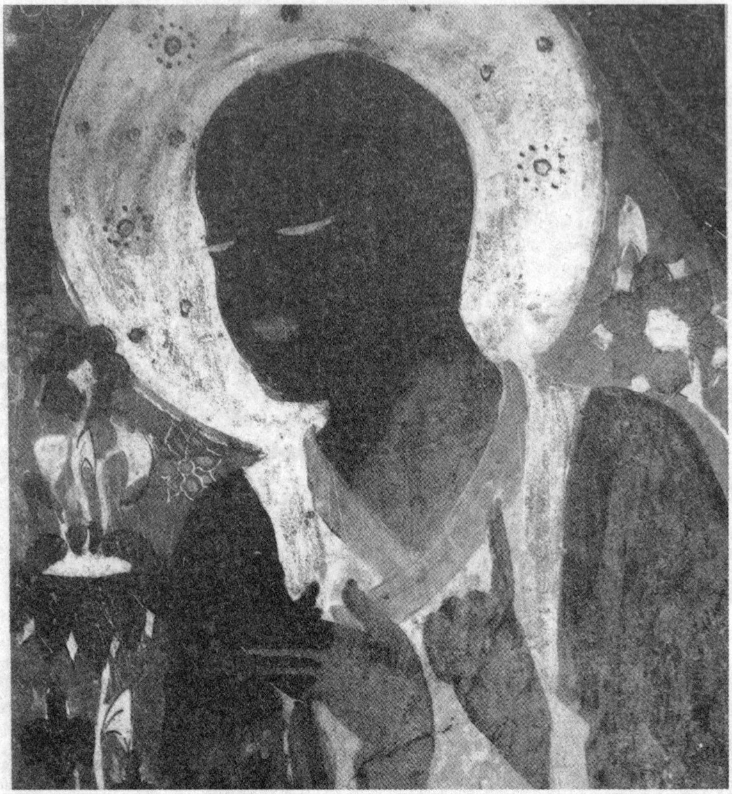

图 1-13　第 311 窟

图 1-14　第 397 窟

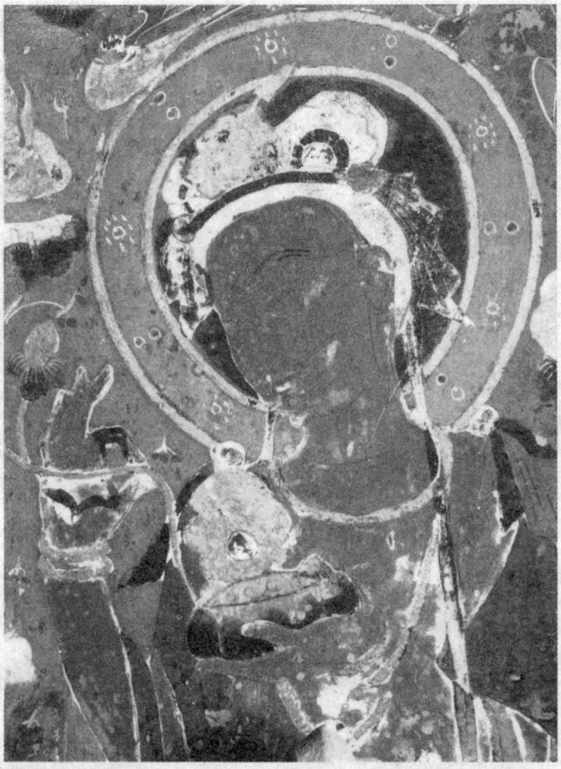

图 1–15　第 402 窟

图 1–16　第 403 窟

图 1–17　第 407 窟

图 1-18　第 419 窟

图 1-19　第 420 窟

唐朝时期，敦煌壁画进入了极盛时期，其所具有的最大特点就是佛教的盛行，为佛教壁画提供了广阔的空间，以中国式的审美来表现佛像，完成人间气息的审美情感表达。这种变化在敦煌壁画中表现得十分明显。在敦煌尚存的 492 个石窟中，唐代窟有 236 个，如第 57 窟、第 217 窟、第 220 窟、第 244 窟、第 322 窟、第 329 窟等，是我国保留至今数量最多的朝代，每个石窟的佛教壁画体现了鲜明的地方特点和唐代风格。这一时期无论是题材还是艺术风格、绘画技巧，都达到了前所未有的高度。（图 1-20、图 1-21、图 1-22、图 1-23）唐代敦煌壁画与隋代以前的壁画作品截然不同，在内容以及题材方面也更为丰富，如净土变相、经变故事、供养人，以及日常生活等。经变画在唐代以后成为壁画中最重要的内容，往往画面中人物众多，周边伴有花木禽鸟的点缀，表现的故事情节大大增加，场面非常宏大，突出表现出了唐代壁画的特点。唐朝文化的形成是将外来佛教文化融合到本地文化，并创造出自己的特色。此时壁画作品与现实生活更为贴近，人物造型更加真实化，表现内容更加世俗化，赋予这些人物以丰富而饱满的视觉效果，反映了唐代表现人物的高度技巧。人神的地位也发生了新的变化，整个石窟艺术也是世俗生活的真实表现，明显地带有现实的意义。此外，菩萨、佛像、天人等形象也是表现较多的，形象的动态、表情比以前更加多样，人物丰浓，肌胜于骨，形象上更加世俗化，其中穿插着一些表现供养人和历史人物的壁画。在构图方面运用全景式构图，将人物与周围环境之间的关系安排得当，十分注重上下呼应，左右对称，突出画面中的疏密关系，严密紧凑，形成精致淡雅风格。用色上背景使用大量的黄色取代了前代的土红色，颜料使用价格极为昂贵的宝石研制而成，是当时富裕的象征。线描采用自由豪放的兰叶描，往往用色较淡，以突出线描的风格，并能充分的表现衣服随风飘举的动感，呈现一派雄浑健康、生机勃勃的气派。唐代敦煌壁画都充分地反映出当时的极乐盛世，以及人们对净土世界的完美构愿。晚唐时保留至今的具有代表性的壁画石窟有第 9 窟《维摩诘经变》、第 17 窟《树下立女》、第 85 窟《报恩经变》、第 156 窟《张议潮统军出行图》等。这些窟内都保存了这一时期杰出的壁画作品。第 220 窟的《阿弥陀佛经变画》，场面宏大，构图上在突出主体人物的基础上，将画面中物体之间的大小、远近、均衡、对称等关系表达得淋漓尽致。人物造型线条流畅，飘逸生动，并利用渲染与叠晕相结合的手法进行赋色。画面中运用了鸟瞰与散点透视相结合的技法，从而营造出空间感。（图 1–24、图 1–25、图 1–26）

图 1-20　第 427 窟

图 1-21　第 220 窟

图 1-22　第 244 窟

图 1-23　第 322 窟

图 1-24　第 9 窟

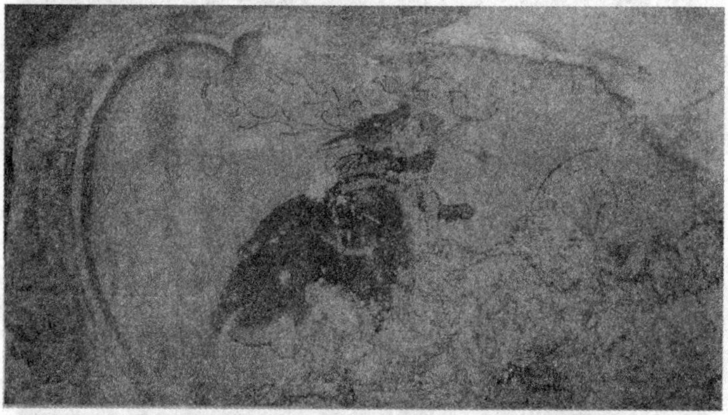

图 1-25　第 17 窟

图 1-26　第 85 窟

由于历史原因，自五代十国起，敦煌壁画基本形成院派特色。两宋的敦煌虽有佳作，但已出现整体的衰落。虽然，这段时期的敦煌壁画整体呈下滑状态，但是对中国的绘画发展史来说也是不可或缺的一部分。五代时期的敦煌壁画画风继承晚唐，虽然当时曹氏家族统治者崇尚佛教，大力开凿了一批巨大的石窟，并按照中原朝廷设立画院，形成了院派特色，但由于当时人力、财力的拮据，使得壁画风格趋向于程式化的趋势，形式过于统一。由于长期的文化交流，内地的壁画风格持续影响着敦煌，壁画的创造性减弱了，一直沿用从内地带回的壁画粉本。从整体的创作及表现技法来说，石窟壁画艺术进入了衰退期。即便如此，大量出现的供养人肖像画在艺术水平上略显突出。因为当时的洞窟大都是由曹家直接出资建造，因此，供养人像具有重要意义。这一时期的肖像画真实记录了统治者形象，人物神情庄重，用笔刚劲而富于变化，利用沥粉堆金的手法，画出具有立体感的装饰物，表现出高超的绘画技法，代表了当时人物画的最高水平。（图 1–27）

图 1–27　第 156 窟

石窟壁画在宋代已进入衰退期，但仍有不少壁画佳作。很多洞窟是由唐代以前的洞窟改建而成，唐代或北魏壁画往往被覆盖着。大幅经变画仍然占据主要地位，其次是千佛、菩萨、供养人等。但较唐代而言数量大大减少，而且程式化严重。经变图大多以唐代石窟壁画为蓝本，有明显的模仿倾向。供养人形象在尺寸上也发生了变化，有的比真人还大，在风格上更趋于中原化，几乎是现实中的人物写生。敦煌虽然逐渐失去了往日的光彩，但千余年的艺术传统被继承下来，并融入了两宋绘画之风，兼具多民族的文化特色，从而使宋代莫高窟的壁画形式产生了新的变化，仍有佳作出现，如莫高窟 61 窟，是宋代最具有代表性的石窟壁画，其中包括 35 幅巨幅的佛传故事和几十个与真人等身高的供养人画像，《法华经变》《西方净土变》《摩耶夫人出游图》《报恩经变》等 11 幅保存完好的大场面的经变画，它们以其独特的表现技法而闻名于世，成为宋代绘画艺术的经典作品。

中国石窟壁画到了元代已是末期，是最后的闪光。宋元以后，佛教衰落，喇嘛教兴起，佛教美术（包括壁画）也随之衰落，喇嘛教美术开始流行。元代敦煌壁画主要以第 3 窟和第 465 窟的两种不同风格的壁画为代表。明清时期，由于 200 多年的荒废，石窟几乎没有新的壁画出现。新中国成立以后，在国家的大力支持下，敦煌逐渐恢复风采。（图 1–28）

图 1–28　第 3 窟

综上所述，敦煌壁画的出现，是历史的必然产物，在中国绘画发展的历程中，敦煌壁画占据着重要的位置，艺术审美观念会随着社会的发展而改变。面对敦煌壁画艺术，提高了人们对中国传统绘画技法与风格的认知。敦煌壁画不仅是我国壁画艺术的奇葩，也是结合了中西文化交流的结晶，千年石窟的壁画艺术它走过了一条辉煌之路，以其精湛的表现手法，崇高的绘画艺术境界，强烈的装饰风格，绝美的风姿呈现于世人，向人们展示了一个极乐世界。敦煌壁画引领着中国绘画艺术的审美，通过极致的意境表达，使人产生心灵上的共鸣。敦煌壁画的规模之大，营建历时之长，内容之多，艺术之精，使得敦煌壁画在文化艺术历史等领域中占据着不可替代的重要地位，可以毫无愧色地说，它是人类文化发展历时长河中光辉灿烂的里程碑。

二、敦煌壁画的类型

敦煌壁画从内容类型上讲，主要包括佛像画、故事画、民族神怪画、经变画、佛教史迹画、供养人画、装饰图案画等。敦煌壁画的内容除以上七类外，还有建筑画、器物画、花鸟画、动物画等。

（一）佛像画

佛像画指描绘佛教崇拜的各种神像，即佛陀、菩萨等供奉神灵的形象，它是人们在苦难生活中寄托希望、安抚心灵的象征，受到人们的特殊崇信。佛像画作为信徒崇拜的对象，成为敦煌莫高窟的主要题材。据统计，现存各种佛像 12208 身，还有说法图 933 铺。其中既有释迦牟尼佛、三世佛、弥勒佛、七世佛、阿弥陀佛、贤劫千佛、十方诸等，也包括菩萨像，如大势至、观音、文殊、普贤、弥勒、地藏等，还有天王、龙王、药叉、乾闼婆（飞天）等，它描绘的都是佛教崇拜的佛国世界的神像以及礼佛活动，还有佛与凡人之间的关系等内容。（图 1–29）

图 1-29　第 245 窟

据记载,佛、菩萨像最初都是表现为男像,或者是无性像。佛像传到中国之后,受传统观念的影响,特别是对母爱的崇敬,到了唐代以后菩萨形象逐渐转化为女像,以此来体现女性温柔性格。虽然有的嘴上还画有蝌蚪胡子,但其中丰腴的面庞,舞蹈式婀娜的姿态,温柔娴静的表情,却都是展现女性之美。

(二)故事画

故事画是指以佛经为依据的独立连环画。将故事的发生、发展和结局通过描绘人物的动作以及人物之间的相互关系表现出来。我国古代的民间画师及佛教僧侣创作的故事画内容丰富多彩,故事情节蜿蜒曲折,充分体现了画师的艺术天赋以及丰富的想象力。据统计,现存不同内容的故事画有 54 种,161 幅,大体可分为佛传故事、本生故事、因缘故事、比喻故事。

一类佛传故事 ,宣扬讲述释迦牟尼一生的经历故事,绘述释迦牟尼生平事迹,从入胎、出生、生长、出家、修行、苦志、降魔、悟道、成佛与涅槃等被神话了的传记性情节。早期为了宣扬佛教的基本教义,为了吸引信众,将佛经中和壁画上的佛传故事用宗教色彩修饰将其神化,树立一个仿佛不可企及且可信赖的“救世主”

形象。释迦牟尼生平事迹的故事，经过佛教徒的渲染，已把许多古代印度和东南亚优美的神话故事、民间故事附会到释迦牟尼的身上，已不是纯粹的佛经的内容。现存的佛传故事画实际上是一部佛教神话传奇文学。早期佛传故事画多为片段式画面，如四相、八相，或者仅画乘像人胎。（图 1–30）

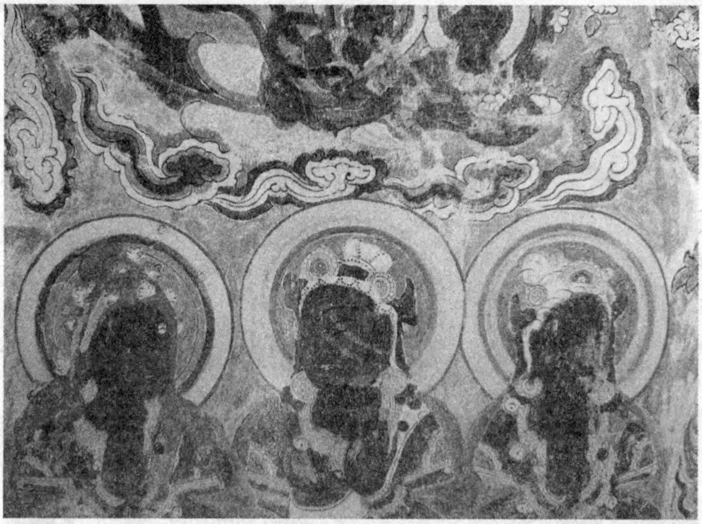

图 1–30　第 207 窟

北周时期才出现完整的佛传故事画。如北周 290 窟横卷连环画式佛传故事画，该画位于窟主室人字披顶部东西两侧和披西中心柱之间一狭长平顶上。此画按“之”字形走向，长达 250 米，共达 87 个画面。主要内容有乘象入胎、树下诞生、仙人占相、太子读书、太子比武、掷珠定亲、太子迎亲、出城游观、夜半逾城、树下苦修等共 80 多个画面，每一幅画面都以人物活动为主体，造型简练，线描流畅，色彩简淡，以建筑、树木、山水等景物为背景，主要用来烘托特定环境为主画面的主题服务，无形中又成为不同画面的分区界线，前后衔接，连通一气。据有关学者研究，该幅画主要依据东汉传入的最早佛经译本《佛行本超经》绘制，同时参考了其他佛传经典等情节，按顺序描绘了释迦佛祖的从佛的诞生、出家直到成道为止的故事。这是我国现存早期最完整的故事画。

五代宋初曹氏画院时期，佛传故事画以屏风形式出现，以第

61窟为例，利用屏风画的形式，画出了完整的佛传故事。描写了130多个场面，并增加了一些新内容，使佛传故事的内容更为丰富，画面中表现了宫中生活、歌舞宴会等反映社会的生活面貌，已经完全中国化了。第61窟是敦煌内容最为丰富的佛传故事，在现存的佛教艺术中也是十分罕见。（图1-31）

图1-31　第61窟

一类是本生故事，主要描绘释迦牟尼前生累世修行、忍辱牺牲、救世救人的各种善行故事。依据佛教轮回转世的思想，认为释迦牟尼前生只有经历无数次的善行转世方成正果，最后才能成佛。因此佛教徒便把释迦的前生描绘为与众行善的国王、王子、贤者、良士，或是动物中的鹿王、猴王、象王、狮王等，将许多优美动人的神话、民间传说都附会到释迦牟尼身上，从而教诲信众，阐发教义。如九色鹿舍己救人、萨埵那太子舍身饲虎、尸毗王割肉贸鸽等20余种。壁画的表现形式非常丰富，大体有单幅画式、连环画式、组合画式、屏风画式等形式，通过选取最具情节性的瞬间作为故事内容，突出表现主要形象，构图饱满，色彩艳丽，体现了佛教内容的进一步深化。这些集撰而成的本生故事，虽然带有佛教的烙印，但内容上又能保持着民间故事、童话、神话的本色。本生故事是佛教艺术中最为常见的题材，也是敦煌石窟壁画绘制最多的一种故事画。据考证，仅莫高窟壁画中就已经占到三分之一。其表现形式会随着时代的变化而变化，在表现方法上更加自由。例如敦煌第254窟萨埵本生故事壁画，无论是人物的表情与动作，以至配景的处理，刻画得极为细致。画家采用了独幅多变的构图形式，将若干个故事情节画在一个独幅的方形画面中，画面中心表达的是故事的主要内容，根据环境情节的需要，利用右侧的连续性的画面，将画面的主次关系衔接起来，都围绕着主要形象进行配合与穿插。整个画面节奏紧凑，色彩强烈，是早期故事画的优秀之作。（图1–32）

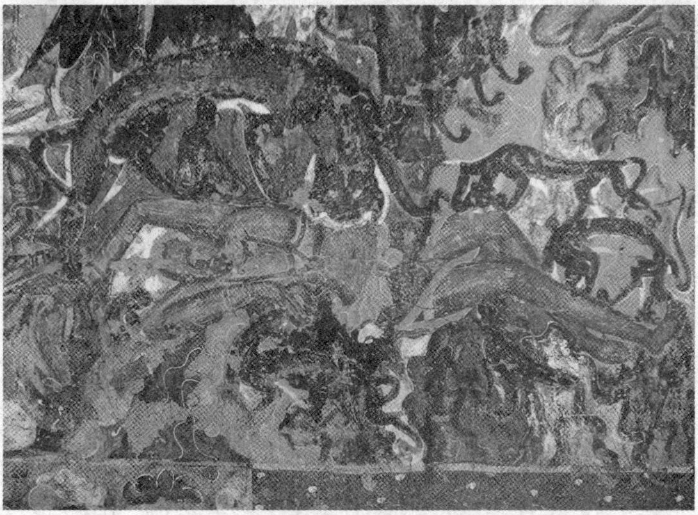

图1–32 第254窟

一类是因缘故事，是描绘佛门弟子、善男信女前世今生的因缘和释迦牟尼教化众生的故事。宣扬佛教的因果报应思想，利用传输过去、现在、未来三世的观念来教诲、普化大众是因缘故事的核心内容。何为因缘，既是将促成事物产生或消灭的主要条件称为“因”，外部辅助条件叫作“缘”。因缘故事比本生故事内容更趋进一层，本生故事只讲释迦本人前生故事，而因缘故事则是将前生或今世之事寓佛理与一般情节中表现出来。通过彼此之间的关系说明佛理，达到了较好的度化效果。集结成《贤愚因缘经》《撰集百缘经》《佛弟子因缘经》等。因缘故事不管是数量还是种类都非常丰富，故事内容所占篇幅较大，其情节曲折生动，表现形式多样，将因缘故事铺叙于画面中，使人们从中领略世间道理，从而弃恶扬善，普度众生。

例如敦煌莫高窟第 257 窟中北壁《须摩提女请佛因缘》，作品运用了 17 幅画面进行连接故事情节，并运用了连环画和组合画相连接的形式，其中 13 幅画面将渲染佛弟子的神通，以形写神，动静相宜，极大地调动了画面中的造型语言，揭示了故事主题，具有很强的感染力。（图 1–33）

图 1–33　第 257 窟

一类是比喻故事，是释迦牟尼给佛门弟子、善男信女讲经说法时所列举的故事，其内容深入浅出、通俗易懂。敦煌壁画中大部分为寓意深刻的寓言、童话和哲理故事等，如鹿母子、鬼子母、饿狼守戒等。这些比喻故事画中寓意十分深刻，并带有一定的说教成分。这些采撷于民间的大量故事，只不过经释迦的口述改编，又被佛教徒众结集、编录成佛经，保存至今。如《法句比喻经》《比喻经》《杂宝藏经》《百喻经》等，可见，佛教是很善于利用民间文学艺术等手段，达到共生互进的双重效果。

（三）民族神怪画

民族神怪画 是指描绘中华民族神话传说中的各种人物神怪形象的画面。出现在敦煌石窟中的数量不多，但是这一主题内容对于敦煌的意义重大。类型包括伏羲、女娲、龙、凤、朱雀、玄武、东王母、西王母、青龙、白虎、羽人等。如第 249 窟窟顶壁画，就是很典型的道教题材画面，它反映了中华传统渊源在敦煌地区的根源及影响。将道家虚静思想与佛学禅定思想相结合，并完美融入艺术的表现。这很大程度上丰富了敦煌石窟艺术的内容，虽然与佛教故事结合的不是太完美，但最终展现了中国风格。（图 1–34）

图 1–34　第 249 窟

（四）经变画

经变画绘述释迦佛祖所宣讲佛经的图画，这里是指按一部佛经的主要内容或相关佛经绘成一幅画的巨型经变，它是为了加快平民百姓理解各种深奥的佛教经文理论而产生的。一般而言，一切以佛经为依据的绘画，都可以称为经变或变相。它们是敦煌壁画中最重要部分，现存经变画达 33 种，包括《弥勒经变》《西方净土变》《涅槃经变》《维摩诘经变》《宝雨经变》《药师经变》《阿弥陀经变》《药师经变》《观无量寿经变》《法华经变》《报恩经变》《华严经变》《观音经变》等。壁画中持续时间较长的是西方净土变、东方药师变；他们是敦煌壁画中最重要部分，每一经变又包含许多故事情节，其历时最长、画面效果最为丰富。（图 1–35）

图 1–35　第 220 窟

经变画是我国佛教艺术的独创形式，据统计有 1055 幅之多。莫高窟的经变画始于隋、盛于唐，五代以后逐渐衰落，唐代前期，在“大乘天”玄奘影响下，大乘经变在长安和敦煌蓬勃地发展起来。敦煌各种经变，形式多样，主题突出，含蓄地反映了唐代前期的历史风貌。到了唐代后期，经变越来越多，各宗各派，同列一窟，最多达到十五六种。但是后期则出现了公式化倾向，而后每况愈下，渐趋衰落。

第 420 窟的《法华经变图》（图 1–36），这也是隋代佛教壁画中具有代表性的题材，其内容来自佛经《法华经譬喻品》，具体描绘的是“火宅喻”的故事。敦煌石窟《维摩诘经变》始于隋代，盛于唐宋，共 68 铺。不同时代，不同地区，不同的画家，填进不同的适应当时审美理想的维摩诘形象和不断世俗化的内容，使得《维摩诘经变》不断推陈出新，具有经久不衰的生命力。第 220 窟《维摩诘经变》以高度提炼的手法，表达了维摩诘这位思绪飞扬、神采奕奕的居士形象。在表现技法上，对维摩诘形象的刻画、线描流畅，行笔轻重有变，赋色上很讲究。特别是表现维摩诘在辩论中激动争论的红光满面的神情，利用赭红色晕染，将前额与眉间产生的肌肉起伏变化表现得淋漓尽致，大大地加强了人物造型的真实性和感染力。这是初唐壁画技法上的一大成就。

图 1–36　第 420 窟

（五）佛教史迹画

佛教史迹画是指根据史籍记载，绘述佛教历史传播中的佛教人物、佛教圣迹、佛教瑞像、佛教灵异及感应故事等。其中既有真人真事，也有想象虚构，甚至宗教幻想，颇类似于“话说”，而非佛经典，据统计有 40 处 67 种之多。初唐时期的 323 窟，较为集中的绘制佛教史迹故事，南北两壁绘有 8 个佛教史迹故事，其整个画面是以全景式构图，各个故事穿插其间来平衡画面。内容包括张骞出使西域图、释迦浣衣晒衣石、佛图澄灵异等。（图 1–37）

佛教史迹画多属本土自造，它的出现主要是佛教文化融入中华文化并日趋华化的重要标志，也有西域乃至印度的，尽管真假混杂，有些已被佛教徒神化。他们是佛经故事的补充，同时也证明了佛教史记画已经深入人心并逐渐走向世俗化。宗教色彩较浓，但也有不少史实。例如，《张骞出使西域图》描画了汉武帝甘泉宫礼拜金人，帅群臣送别张骞，张骞池节西行到大夏。故事很明显是超佛教的内容，真实地反映了中西文化交流史上这一伟大的历史事件，成为研究丝绸之路史、中外文化交流史的珍贵的资料。

图 1-37　第 323 窟

（六）供养人画像

供养人画像主要为出资开窟造像的施主、窟主以及眷属等供养人所画的功德像，属于肖像画。他们一般在开窟之后，在墙壁上请工匠绘制出自己和家人，抑或奴婢的肖像。供养人的身份相对比较复杂，涵盖了社会上的各个阶层，包括达官显贵、王公大臣、僧尼居士、地方官吏、行人社众、中外商旅、各族民众等。画面大小不等，既有二三十厘米的小像，多为早期作品，画于说法图下方，极不明显，也有高如等身或超过真人的大像，多为唐代的作品。他们都是有名有姓的现实人物的肖像。例如《河西节度使张议潮统军出行图》《归义军节度使曹议金统军出行图》《回鹘公主出行图》等，就是真实历史人物的画像，在一定程度上反映了历史现实，具有很高的史料价值。

供养人画像十分丰富，对于供养人来说，追求的主要是对佛的虔诚，对于其肖像是否相似并不关注，所以以至于壁画中的供养人的形象没有独特的个性，面貌极其类似。直到唐宋时期，壁画中的供养人像体现了其独有的特点，人物众多，场面宏伟，主题鲜明，是供养人像中的佼佼者。

在第285窟北壁七铺说法图中，供养人分布于每一铺的下部，中间书写文字题榜，两边分别绘制了穿着鲜卑胡服的男供养人，和身着对襟袍服，下着间色长裙，并配有褂衣的女供养人。供养人像保存较为完整，能清晰地看出当时世俗的人物形象。（图1-38）

图1-38　第285窟

（七）装饰图案

装饰图案即建造洞窟的建筑装饰，主要用于装饰建筑、佛龛、彩塑和分隔不同壁画的图案纹样，包括藻井、平棋、龛楣、圆光、宝座、地毯、壶门、冠服和器物等图案，主要以藻井和平棋最为突出。装饰图案画丰富而又充满了想象，装饰花纹随时代变化而各异，早期纹样主要有飞天、羽人、翔凤、斗虎、栖鸽、孔雀、鸵鸟、莲花、忍冬、火焰、旋涡、云气、星辰、棋格等，多数比较古朴简单。可见，敦煌有无数丰富而美丽的形象。例如狩猎纹图案、兽头鸟身等变形纹样，风格俊逸飘洒，绚丽夺目。装饰图案中的许多纹样并非单一不变，而是经过变形的，从整体来看，壁画中的图案一直处于发展之中，始终处于创新阶段，特别是后期的藻井上绘制的装饰图案更加丰富多彩，并运用一些独创的结合纹样，如动物与植物相结合，充分体现了画师们的丰富的想象力。（图 1–39）

图 1–39　第 98 窟

综上所述，敦煌壁画是佛教文化与艺术结合的产物，敦煌壁画艺术风格经历了千百年的演变，展示了敦煌壁画无比丰富的内容，虽然它们各有特色，但又是洞窟整体结构的组成部分，显示了我国各族画师卓越的创造才能和极高的艺术成就。

第二章　敦煌壁画的构图方式解析

敦煌壁画构图体现了多种表现手法，形式结构丰富多样，塑造了许多典范。在中国古代画论中，东晋画家顾恺之最早在《魏晋胜流画赞》中提出了“置陈布势”的“构图”概念，以及提出“势”在构图中起关键作用，是构图“骨架”的安排。谢赫在《古画品录》中提出“经营位置”，即是构图。两者都是探讨一幅作品中如何经营组织画面中的内容与位置之间的相互关系，作为构图，必须从内在联系入手。唐代张彦远把创作构图放在第一位，把“六法”中的“经营位置”称之为“画之总要”，敦煌壁画创作中经常体现出这一理论。可见古代画家对绘画的构图比技巧更为重视，把它作为绘画创作的纲领。敦煌壁画的构图样式是从简单发展到复杂，构图的理念不断增加丰富，对画面的主次、呼应、取舍、气势、留白、开合以及题款等都非常讲究。构图的概念在敦煌壁画中的体现，是空间与时间的交汇。

构图是壁画表现内容和主题的形式，它是适应内容需要的，敦煌壁画构图形式与内容有着千丝万缕的联系。绘画者构思壁画的内容、壁画的风格样式对壁画的构图方式起到了一定的影响作用，有什么内容就产生什么样的形式。壁画的构图方式与内容有着因果关系。敦煌壁画有各种不同的内容，因而在构图上画面形式丰富、格局多样，形象令人目不暇接。从整体构图形式上可分为主像式构图、对称式构图、长卷式构图、全景式构图、并列式构图、连环画式构图、屏风画式构图、散点分布式构图八种方式。

一、主像式构图

主像式构图是指在壁画画面内，将主体人物作为画面中心以此来表达主题思想，常指敦煌壁画中独尊佛像、菩萨或者以独尊佛像、菩萨为中心的壁画，形成供养和礼忏中心。主要包括“释迦牟尼佛、阿弥陀佛、药师佛、三世佛、七世佛、弥勒佛”等佛像，“观世音、大势至、文殊、普贤”等菩萨，还有佛弟子迦叶、天龙八部、力士、罗汉、天王、维摩诘等。在当时，由于人们对佛教信仰的崇尚，有时为了将主题更加突出和明显，画面中不再是组像，而是运用单身像来表现，主像式的壁画通常为了突出人物形象，在画面中心站立单独人物，主像在壁画中非常突出的，成了敦煌壁画的重要组成部分。例如历代的说法图，本生故事，经变故事等都运用了主像式构图。（图 2–1）

图 2–1 第 12 窟

最具有代表性的作品是初唐时期的“乘象人胎”和“夜半逾城”，两幅壁画以单幅的形式对称的绘于佛龛的龛内顶部绘有两幅对称的壁画，是以单幅形式呈现的。“乘象入胎”是指佛母摩耶夫人做梦时梦见一位菩萨乘象而来，醒来便有了身孕，悉达太子就是这样诞生了。夜半逾城讲的是悉达太子长大成人后，见到人间生老病死诸苦，思求解脱之道，在一个夜晚骑马逾城出走，终于成道。这两个情节，一个说明佛的诞生，一个说明释迦的悟道成佛，是释迦牟尼一生中的两个关键时刻，因而很能概括佛传的内容。在佛传故事里选取这两个情节单独绘出，画中的菩萨乘象缓缓前行，后面跟随二伎乐分别演奏琵琶和箜篌，两个小天人站在大象的长牙上演奏乐器。飞天跟随于四周，场面十分热烈，众多的人物动作各异，充满动感，画面中加入的鲜花、彩云、奔跑的动物构成了饱满而丰富的画面效果。在构图方面，根据故事情节的需要，将主要人物主尊佛放置在画面中心位置，人物形象较大，突出了释摩尼，形成礼仟和供养的中心。周围的伎乐、飞天、小天人都相对的缩小，虽然构图较满，人物众多，但画面并没有拥堵感，充分体现了主像式的构图特点。（图 2-2、图 2-3）

图 2-2　第 375 窟

图 2-3　第 375 窟

唐代还有很多优秀的主像式构图的壁画作品，如在 12 窟东西壁上的壁画包括，东壁门南天王像、主室西壁文殊变、西壁龛顶西披双头瑞像等。窟内的文殊变绘制于晚唐时期，壁画表现的是文殊菩萨坐于雄狮背上宝座的画面，菩萨面相圆润，画面面积较大、内容丰富，人物虽然众多，但菩萨圣众衣着也无一重复，并且神态各异，表情丰富。菩萨身下白色的雄狮坐骑大张狮口呼吼有声，个性威严凶猛。将文殊菩萨放置于画面的正中央，占据着较大的面积，菩萨周围布满众神，菩萨衣着鲜明华丽，而众神衣着相对暗淡，形成强烈的对比，突显了文殊菩萨的重要性。（图 2–4）

图 2–4　第 217 窟

主像式构图壁画典型代表还有盛唐 217 窟西壁龛外南侧的大势至菩萨，壁画呈现竖式构图，大势至菩萨双手放置腹前站立于画面正中，其眼睛微眯，面相丰润，神情安详。身穿纱裙站在莲花宝座上微微俯视，珠宝璎珞满身，头戴宝冠和光环，透明披肩垂于膝下、服饰华丽、人物造型比例匀称舒服，健美饱满的体态凸显在白色背景中，与画面背景构图相互呼应协调。画面中线条流畅，技巧纯熟，色彩清新典雅，对其形态进行叠晕渲染，从而使得画面更加柔美与祥和。为了突显菩萨的气度使得更加饱满而富有张力，将莲座的布局向外延伸，冲出画面整个背景。西壁佛龛外北侧的观音菩萨，也是运用主像式构图，位于大势至菩萨对面，手持莲花和观音瓶自然安详的立于莲花宝座上，画面中的背景以白色为主，佛龛上描绘的花纹，与南壁大势至菩萨相呼应，构成完整的空间环境（图 2–5）。再如初唐敦煌 57 窟佛龛西壁两侧，描绘了思维菩萨,头戴宝冠,左手支颐坐于伏莲座上,神态安详,沉浸在自己的世界里,若有所思。同样的在主尊佛像佛龛外侧绘制主像式菩萨,在这种类似的佛龛外侧还有很多有绘制的主像式菩萨,或者立式的主像式构图佛像。《毗楞竭梨王本生》是描写一婆罗门名劳度叉,自称如有愿以千钉钉身者,即为之说法,毗楞竭梨王求妙法心切,不顾臣民眷属劝阻,听法后毅然同意将千钉钉身而心不后悔,他乐善好施,后来身体还复如故并成佛。毗楞竭梨王低头两眼俯视下方,双手置胸前,盘一膝坐于画面中心,神态安详自若,人物比例较大。立于王右侧的劳度叉为辅,与王相比,形体比例要小,两眼圆瞪,神态粗鲁,仰望毗楞竭梨王,左手握钉插入王胸,右手抡锤钉钉,左膝前跪一眷属,右手托腮。在画面最上画有一对飞天空正向王散花赞叹供养,王的周围徐徐飘落下无数的花瓣。本生故事中的构图的特点使得画面主题明确。作者强调人物动态以及比例大小,将画面中的人物进行主次区分,从而来表达与毗楞竭梨王的关系。整个壁画具有很强的装饰意味,人物描绘有冠带、天花、披巾等,不仅填补了空隙而且取得了平衡和装饰画面的效果。

图 2–5 第 217 窟

初唐401窟的供养菩萨也是以主像式的构图来呈现的，姿态舒展优雅，雍容华贵，其数量也属于在敦煌壁画中菩萨数量较多的。主像式构图的敦煌壁画中，具有独幅性或主体性的主像式特点，石窟壁画的菩萨等形象融汇于主题壁画中，都不是独立存在的，与洞窟的主题壁画存在着关联性，是需要整体考虑的。（图2-6）

图2-6　第57窟

二、对称式构图

对称式构图是敦煌壁画中比较常用的一种构图形式。对称式构图是画面各种形态相互作用的“力”的均衡对比，主要是以整体形态上的对称的方式使得画面内容相呼应，无论是描述主要情节的局部，还是围绕着主题的整幅画，都会产生庄严感和形式感，使人们感觉到舒服，所以人们习惯于平衡对称的视觉感受。对称式构图在佛教题材绘画运用很多，如对称式构图在敦煌壁画中体现在主像画、经变画，以及花砖、窟顶藻井、边饰等图案中。

在敦煌壁画中，大部分的洞窟在建筑形制上都是对称的，因此窟内的壁画通常是将画面各个部分的形象进行了有规律排列组合，以正壁正中为中轴线，进行对称设计。此构图起到了平衡、稳定画面的效果，产生强烈的装饰美感和秩序感。然而在许多对称中，虽然经变画大的构图为对称，并不是绝对意义上的完全对称，创作者为了增添艺术作品的灵动和活泼，在创作时发挥想象力，打破过于稳定、僵硬的形象，常常利用许多细节设计将其人物有所差别，但在人物的构图位置和形态上宏观保持相似性和对称性的，作品力求“在对称之中求不对称”的境界追求，从而中和对称的审美疲劳。例如将立佛作为画面中心，两侧菩萨、飞天形象相似、数量相同的情况下，主尊佛像手势不一定是对称的，飞天的身姿和色彩、菩萨的衣裙却都有所不同，形成视觉上的远近、大小、疏密、动静、色彩、冷暖、明暗、虚实对比等，从而使画面产生视觉韵律感。（图 2–7）

图 2–7　第 332 窟

其中最重要的是敦煌壁画构图形式代表的经变画构图。经变画主要是出自于佛经经典，内容包括有东方药师佛变、西方净土变、弥勒经变等。经变画对称构图按照其特点可以分为三段式对称构图、鱼骨式构图、主从式构图。

(一)三段式构图

唐代初期经变画基本是以说法图的形式为基础,增加了空间范围。三段式经变画是对说法图的丰富和拓展以后的产物。经变图按照水平线角度分成上中下段,上段绘有亭台楼阁和飞天等形象,中段描绘的是说法图场面,下段描绘了净水池和平台,水池位于中间或者下段。平台上展现乐舞场面。三段构成经常出现于初唐的经变画中,内容上也在不断地变化。

例如第221窟,其内容都表现的是净土变,两壁都是三段式构成。中央是画面的中心,上部为天空,下部为净水池,平台上描绘了佛在说法,菩萨圣众环绕其周。画面中利用平台前的栅栏将中段与下段的画面分隔开。在220窟内《阿弥陀佛经变图》(图2-8),全画是以阿弥陀佛为中心,周围刻画了150多尊大小佛像、菩萨、天人、化身等。至今发现的莫高窟最大和最早的净土变壁画是南壁的《无量寿经变》,绘制内容是西方极乐世界净土变壁画,根据《佛说阿弥陀经》演变而来。整幅净土变壁画也是运用了三段式构图法,将其分成三段,分别是:上段对称分布着飞天飞翔、一片天空,和建筑楼阁,中段是碧波浩渺的宝池,下段是宝池前的平台雕栏,楼阁都对称分布,中间是两名乐舞和乐队伴奏的乐舞场面。一对舞伎,宝冠璎珞,穿石榴裙,挥动长巾,翩翩起舞。主题是中间的七宝池平台楼阁,池中莲花盛开,化生童子自莲花中出,说明这是“观无量寿经变”。西方三圣——阿弥陀佛端坐莲花台上,左右两边各立一胁侍菩萨,观音和大势至菩萨侍立左右,周围拥绕着众多菩萨,东西两侧楼阁耸峙。共有150余身,有疏密和主次的对称排开,整体画面营造出西方极乐净土世界,其场面气势磅礴。

图 2-8 第 220 窟

莫高窟 334 窟北壁的《阿弥陀经变画》,上部是天空,中央描绘的是平台上的说法场面,下部也是在池上的平台中描绘乐舞的场面。在莫高窟第 331 窟、335 窟、340 窟的净土变中也是运用这种构图样式。经变的主体总是中央的说法图,但也有所占比例大小有所不同的三段式,如在莫高窟 329 窟《阿弥陀经变》(图 2-9),画面中间部分的说法场景很宏大,建筑物画得也比较高大,相比之下其上部天空部分就明显很小,最下段乐舞平台的场面也相对较小。发展到盛唐时期,其乐舞部分比例逐渐变得越来越大,并善于运用建筑背景作为壁画的大背景,通过建筑的透视营造画面的远近空间感。画面的空间感在最上部的天空中也有所体现。例如在 321 窟中,在佛说法平台的上部,飞天在深蓝色描绘的天空中飞来飞去,壁画着力营造出广阔的空间感。三段式对称构图法不仅在阿弥陀经变中运用,还在弥勒经变中经常运用,莫高窟 331 窟描绘的《弥勒经变画》,上段描绘了亭台楼阁,中段描绘了弥勒三会说法场景,下部描述一国王及眷属剃度出家的场景。这种构图还出现在莫高窟 329 窟和 341 窟。盛唐后,弥勒经变内容加入了耕作图、嫁娶图等世俗生活场景,使得画面更加。(图 2-10、

图 2-11、图 2-12、图 2-13）

图 2-9　第 334 窟

图 2-10　第 331 窟

图 2-11　第 329 窟

图 2-12　第 321 窟

图 2-13　第 341 窟

（二）鱼骨式对称构图

鱼骨式构图，是以画面的中轴线作为中心对称的构图形式，这种构图是古代中国画家描绘空间的最有效的办法，鱼骨式对称构图方法产生于 8 世纪前后，促进了空间关系表现的发展。全画面看起来就像鱼骨的构成一样规律有序的排列在一起，在鱼骨式构图法上，鱼骨中轴线上与两侧物体场景的斜线相连接，两侧景物的斜线与中轴线连成的线体呈平行状。由于交点是不断推移的，所以不同的斜线与中轴线连接会形成很多交点，并且最终的消失点并不会固定在一个点上。比起科学的透视法，它还不完善，但这是在有限的空间中，表现空间远近的最有效的方法。

唐代表现经变画经常运用到鱼骨式对称构图法。在盛唐以后的经变画大部分都采用了鱼骨对称构图法。例如 172 窟北壁所绘制的《观无量寿经变图》中，画面描绘的是阿弥陀佛与众菩萨，前方为伎乐天与奏乐的伎乐。运用了鱼骨式构图，从而使得画面显得错落有致，有秩序感。画面中央作为中轴线，依次安排了大殿、佛像、平台、池水上的小桥，呈现对称式。画面左右两边对称排列的建筑所形成的斜线与中轴线相交，组合成了鱼骨式构图。画面中众多建筑观察的透视点各不相同，位于中央主体的大殿利用了仰视角度，使得建筑显得更加高大；两侧楼阁殿宇运用了俯视角度观察，其视点高，透视效果显得视角更加宽阔，表现出广阔的空间感。远处楼阁是平视倾向，采用的观察角度是尽可能的平视，表现平远深邃。整体楼阁排列错落有致，场景阔达，减少因透视而产生的不舒服感。

在此幅《观无量寿经变》中，为了突显佛高大的形象，将整体画面视觉中心放在了中间偏上位置，主尊阿弥陀佛就处于中间偏上的最明显的位置，采用正面观察，左右对称的方式，将阿弥陀佛和身后殿堂的正面外观特征显现的淋漓尽致。画面主要位置是中间大殿和大殿平台，平台前有三个小的池水上的平台，平台向中心位置，中间有两位伎乐跳舞，十六身伎乐组成左右平台，向下延伸有三座平台，置化佛与诸位菩萨位于左右平台，孔雀与鹦鹉迦陵频伽等灵鸟位于中间。上部是飞天与十方佛赴会，飘然而动。《观无量寿经变》特有的“未生怨”与“十六观”分布于左右两侧。画面中对称坐落着中间主殿平台与四周环绕的亭台建筑，其间以小桥相连，形成统一蔚为壮观的画面效果。整幅壁画不禁为之赞叹，内容上表现了西方净土佛国世界的宏大场景，其技法上运用了写实技巧，利用柳叶描来描绘疑问线条，体现了其画师极高的绘画能力，同时又具有强大的创造力把智慧都凝结于其中。画家将宏大的场景绘制的井然有序，运用了鱼骨式构图方法，为这种大场景画面的经变画提供了有力的表现方式。在盛唐以后，经变画大量使用鱼骨式构图方法，也是对称构图法的重要部分。（图 2-14）

（三）主从式构图

主次式构图是按照某一画面中的故事情节，将人物内容按照主次关系安置在合适的位置进行描绘。中国壁画在表现空间时完全区别于西方近大远小的绘画表现空间的方法，人物的排序都是按照身份的尊卑贵贱安排的。这种主次构图形式产生正是由于中国自古是礼仪之邦，无论在现实生活中还是在艺术创作中，都会将长者或者地位高的人物放在前面其形象体现较大，地位相对低的人位置则靠后其形象则较小。经变画中人物的大小都是围绕宗教意识展开的，与人物远近无关，而壁画创作时，画师有意识的、主动地将不同的描绘对象按照尊像所处位置来选择构图，尊像形象画大，佛弟子、飞天等形象相对较小。为了营造一种起伏的错落有致的空间关系，将画面分为几层水平面，每层中又分主次，上下拓展，层层递进深入。在描绘佛国世界天宫乐土天人所处不同的环境场景中，正是运用了主次构图，才能免于众多天人组合的混乱，既交代清楚了佛国世界的人物职能，又增加了壁画的装饰趣味，形成了有序的空间感。

盛唐172窟的《观无量寿经变》，表现的是极乐世界佛陀的场景。画面的中心位置描绘了高大形象的阿弥陀佛，人物高度占据画幅的四分之一。观世音和大势至在两旁听法，其面含笑意、体态优美，形象与阿弥陀佛相比较小些。佛前方有一个平台的建筑物，平台中央有两名舞伎正在翩翩起舞，各种祥鸟飞舞在乐舞前，手抱琵琶的演奏乐队分布在周围，其形象更小于观世音和大势至，上方的天空部分绘一组组腾云的佛菩萨像。整幅壁画中的宫殿楼阁、两侧的建筑物、中台、亭台水榭，运用了平视、仰视、俯视的不同角度来体现。按照主次顺序依次将主像佛陀的形象作为视觉中心，其次将听法菩萨、乐舞和远去的佛等形象依次排序，构成了变化而和谐的整体旋律。（图 2-15）

图 2-14　第 172 窟

图 2-15 第 172 窟

三、长卷式构图

长卷式构图是魏晋时期最为流行的绘画形式，只用来描绘佛教故事，后来发展到唐代也用来描绘盛大的场面。一般采用连续性的绘画手法，也是中国特有的卷轴画的构图样式，内容上表现众多的人物为主题，具有很强的叙事性和故事性，在人物的布局上也经历了一个历史时期的变化。在北魏、北周、隋唐长卷式构图是具有代表性的构图方式。例如北魏 257 窟的《鹿王本生故事》（图 2-16），是一幅著名的故事画，画家运用“异时同图”的方式表现这一题材，采用多个情节并列排布的长卷式构图，完全打破了印度和西域式的构图方式，把整个故事情节的九个画面，按照故事顺序安排在一个画面中。这幅画采用两头向中间发展的顺序，由于故事内容有两条线索，画家巧妙地将时间的发展与画面的空间顺序对应起来，从左右两头表现两条线索，最后交汇于画面。长卷式构图的特点包括画幅长、内容多、场景丰富等特点。一般画面中将多个时空的情景利用连续的绘画手法组织在一起。房屋、山水、树木、建筑，即作为故事的背景，又作为分割画面场次的手段，使故事分割独立而联系起来又具有整体性。北魏末至西魏时期,中原的新画风逐渐传入敦煌。例如第285窟南壁壁画,故事内容描绘了五百强盗成佛故事,整幅画面采用了长卷式构图,按顺序将故事情节从左至右进行描绘,第一个场景描绘官军与强盗作战:画面中运用中原式画法处理空间,人物众多,场面宏大,场面非常激烈。后面的情节布局逐步转移到广阔的山水空间中,增强了画面的纵深感。人物造型抛开了西域式晕染法,运用线描来体现"秀骨清像"的中原时尚。大约是受了中原山水画的影响,这幅作品形象生动,背景大量的描绘了小鹿在山中奔跑,水鸟在水中嬉戏以及猎人在弯弓搭箭等,体现画面的情趣性。但是这幅画在当时也是过分照搬中原式画法,人物形象较小使得画面有些松散空洞。在处理房屋与人的比例关系时将建筑画得过大,使得比例不协调,从而割裂了画面结构。虽然这种纯粹中原风格的绘画并没有流行开来。但是在历史的舞台上也起到了一定的作用。(图2–17)

在隋朝419窟在人字坡顶绘须达拿太子、萨埵太子本生故事。最具有代表性的是《悉达多太子本生故事》,画中共表现了50多幅画面场景,描写了悉达多太子从小心地善良、乐善好施,将国宝须檀延白象慷慨布施给敌国,被国王流放,但他依然乐于布施不止,最终悉达多太子成佛的本生故事。壁画基本以佛教故事为主题,整体采用连续性画面的表现手法,虽然大体承袭北朝的绘画风格,却打破了严格的分隔。利用平均分布壁画中的人物与景物,同时将其建筑物的之字图形穿插分割人物。莫高窟同一题材中,《悉达多太子本生故事》表现得最为生动和精彩。画面分为三层,长卷式连环画形式是以"之"字形构图方式组成,每个"之"字形又不尽相同,错落有致,贯穿全画。整体故事表现了悉达多太子赤诚无私的布施精神,内容丰富并且具有连续性,运用山峦、树木、房屋等背景进行联系、分割画面,整幅作品绘制的非常精致,充分体现出长卷式构图的优势。(图2–18)

图 2-16　第 257 窟

图 2-17　第 285 窟

图 2-18　第 419 窟

唐代长卷式构图虽然继承了隋代壁画的绘画特点,但是从整体风格上来说,还是体现了唐朝温婉大气的风格。唐代减少了佛教故事画的绘制,以表现盛大的宗教或出行礼仪场面。长卷式壁画在初唐不是很多,当时主要以经变画为主。但是到了晚唐时期,出现了长卷式壁画的杰出代表,156 窟壁画中的《张议潮统军出行图》和《宋国夫人出行图》非常精彩的长卷式壁画。在石窟南壁和东壁南侧底部绘制长约八米的“张议潮统军除吐蕃收复河西一道行图”壁画,描绘了节度使统军出行的宏大的场面。唐代 848 年,是敦煌的一个重要时期。张议潮结束了吐蕃在河西的百年统治,他在敦煌带领军队将占领敦煌的驱逐出去,归顺大唐。整幅作品人物造型饱满,并利用线条表现人物的动态及衣纹。在色彩方面运用不同的颜色来显现衣服软硬的质感,在艺术风格上很大程度上受到仕女画的影响,表现出具有中原绘画风格。张议潮出行图是纪念张议潮统军出行打仗胜利归来的场景。画家利用长卷式构图,将众多人物巧妙合理的安排在这幅长卷中。作品采用散点、鸟政式布局,人物在排列时,注重构图的秩序化与变化。画面分成三个部分,第一部分是先行军先导部分,由军乐和军营舞伎歌舞构成了前面的持旗大军仪仗。左右列队站有鼓、角手各四人,整支队伍徐徐吹唱前进。画幅的中央主体部分属于第二部分,内容也是表现的张议潮骑行,张议潮穿着圆领大红袍,策马扬鞭带领伴其左右的队伍穿过玉石栏桥。第三部分是后勤队伍部分,胡人赶运着马、驴、骑等跟随其后。整幅作品表现出张议潮军队的严整军容和英姿愤慨的气魄。该作品表现的人物众多,布局错落有致,疏密得当,是一部写实性的历史画卷。(图 2–19)

长卷式构图方式还有《宋国夫人出行图》,画面描绘的是宋国夫人春游出行的场面,出行队伍场面宏大,显示出一派气势恢宏、无与伦比的壮观规模,包括随行侍从、列队车马,乐舞百戏等,整体反映了当时社会繁荣稳定、欣欣向荣的场景。两幅作品有异曲同工之处,虽然都是描绘出行的场面,运用了相同的构图形式与画面布局,但由于表现的内容及人物有所差异,《张议潮出行图》

中的人物主要表现刚毅的战士形象，而《宋国夫人出行图》中主要表现的人物以灵活妩媚的侍女为主。这一时期的长卷式构图，采用移步换景的散点透视，将相同时间发生的故事场景运用长卷式绘制下来。其场面宏大，内容题材丰富、具有写实性。这时期的壁画人物不再处于虚无的地位，每个场景都有详细的描述以及具体的空间环境。两幅作品产生了对比效果，前者庄重严谨，后者轻松欢快，两者构成鲜明对比，形成敦煌壁画的出行双壁。（图2-20）

图 2-19　第 156 窟

图 2-20　第 156 窟

四、全景式构图

全景式构图，是从全景角度出发，把一个主题从整体上进行描述表达。初唐时期，全景式构图借鉴了经变画处理空间的手法，在表达故事性内容的壁画上，运用了人与山水的关系，上下左右的各种人物景物均作环绕而，去表达故事情节，通壁大面积绘制故事画。经变画在内容上主要是表达佛像庄严崇高的地位，在构图上多采用对称式构图以突显佛像的重要，给人以单板、威严的感觉。而全景式构图的特点包括在表现的故事画时使得画面更加灵活、自由、富于变化。整个壁画内容会描述几个不同的故事情节，运用建筑、山水、房子等景物进行画面分割，从而表现不同的故事情节，人与物体完美的融为一体。

如初唐第 321 窟宝雨经变画和第 332 窟涅槃经变画，两幅作品成功之处在于都是在人物、故事情节内加入了山水元素，起到辅助配合作用。盛唐第 103 窟、217 窟法华经变中的“化城喻品”故事画，也是全景构图的故事画的代表作，具有一定的独立性。此时唐代青绿山水画有所发展，山峦已不像长卷式构图那样，只是简单地作为装饰背景，而是利用合理的透视关系，将人物与山水画的组成一个整体的全景式图景。全景式构图注重描述所有的故事情节。在佛教史迹画中也体现出运用了全景式构图。（图 2-21、图 2-22）

图 2-21　第 321 窟

图 2–22　第 332 窟

莫高窟 323 窟建于初、盛唐之际，在南北墙上共绘有八个著名的佛教史迹画，内容包括有关佛图澄神异故事：河边洗肠、幽州灭火、铃声辩吉凶等。这些故事运用统一的全景式构图方法，将每个故事穿插其中并列绘制于横长的画面上，即不是单幅画的并列，也不是长卷式构图，最终组合成协调的自然形态。整幅画面背景运用了青山绿水的自然形态，不同于以往的山峦，仅仅起到分割画面的简单的作用，而是利用透视从而分隔成不同的空间环境来表达故事情节。在全景式构图的整体布局上，山水背景对于画面的形式起到了决定性的作用。并且加入人物组合，大大增强了画面的表现力。（图 2–23）

图 2–23　第 323 窟

南壁上段有三张史迹画:《西晋吴淞江石佛浮江》《东晋扬都金像出渚》《隋文帝迎昙延法师入朝》。整个画面构图形散而神不散,利用山水分割出不同的故事情节,由远及近,推向高潮,把远景、中景、近景利用河流将其联系起来,画家将迎佛的场面放在故事的高潮部分,四周人们将以佛为中心,向佛靠拢,这样就将零散的人群统一起来,构成了统一的画面。画面中步履蹒跚的老人、天真稚气的小孩等不同年龄的人物通过举止动作的描绘,表现出不同的个性,人物形象刻画的非常细腻生动。北壁西内容包括《张骞出使西域》《释迦浣衣池与晒衣石》《佛图澄之神异事迹》《阿育王拜外道尼乾子塔》《康僧会感应故事》。影响力最大的是《张骞出使西域》,壁画中的内容包括四个场景,即汉武帝在甘泉宫拜佛、汉武帝遣张骞前往大夏国、张骞与随员在途中、张骞到达大夏国。整个画面内容是以 U 形顺序从右至左发展进行演绎绘制到壁画上。张骞与汉武帝辞别这一情节作为重点,放在画面下部的近景中。从右及左,画面的空间与故事情节的延续结合起来。画幅故事内容较多,在处理上使其各具自身特点。整幅壁画构图缜密,人物众多,描绘精致。以千山万水为媒介,画面打破了时空界限,表现出历史内容,将山水自然相连、布局疏密合理,有分有合,轻重协调,相互均衡、统一。323 窟故事画堪称人类美术史上的一幅精美佳作。(图 2–24)

图 2–24　第 332 窟

五、并列式构图

并列式构图是指两个或者两个以上进行重复的构图。并列式构图在重复的基础上产生一定程式性的节奏和韵律，但有时画面过于注重程式化也会产生呆板的效果，这就需要画家的灵活掌控。在敦煌壁画的千佛壁画上充分体现了并列式构图特点。在佛教石窟中，存在大量的重复和并列的千佛，基于此也称之为“千佛洞”。千佛的概念内涵，既可解释为“一千个佛”，也可以千喻多释做“许多佛”。千佛在不同年代其意义有所不同，如在北魏时期，“千佛”主要指“三世三千佛”，到了后期有了“贤劫千佛”的意义。

中唐时期第154窟的千佛壁画上，佛像是画面的中心，每个佛像形体相似大体相同，都是正面盘腿坐禅，肤色、面相基本一致，每个小佛像呈金字塔形结构，富有稳定而庄严感。但经过仔细观察，会发现在颜色的处理上会有微妙的差异，他们颜色会按照组合的排列顺序加以区别，每隔一个会重复一次，或是背光颜色处理成不同分别为灰紫色和深绿色，这是有意识地进行强化和区分。莲花底座有两种颜色，一种是黑色的线勾勒，一种是与背光颜色一致。千佛一般运用程式性图形造型，形体用红线起稿，上色，复勾绘制，到了后期，千佛的绘制效果更加缺乏活力，趋于模式化。无论千佛的细节是否发生任何的变化，但是佛像大小、形态基本保持一致，构图样式一直沿用并列式构图。（图2–25）

图2–25　第154窟

六、连环画式构图

连环画式的构图方法在敦煌壁画中运用时间久远，画面按照故事情节的推进，围绕主题有秩序的展开。将一个故事从头到尾、按照不同时间顺序、不同地点来表现许多的故事情节，按其发展顺序安排在一幅画面上。画面中各部分之间没有明显的结构咬合的关系，而是独立的存在于画面中，其造型具有一定的内在联系，相互之间被一条隐形的线串联起来，整体为外松内紧式构图方式。连环式构图一般用来表现大场景，整体按照时间、位置等顺序将宫殿内外、春夏秋冬，以及群山绿水等景物按照特定的情节布置在画面中。佛教绘画是由佛教本生故事、因缘故事，佛传故事等组合而成，正是由于故事的连续性促使了运用连环画式构图进行表现。

连环画式构图也经常会被运用到经变画中，如在西方净土变中的《观无量寿经变》中，经常会看到运用了连环画式构图。画面中表现“未生怨”“十六观”。这种构图，使得画面协调统一，前后一致。在整个历史过程中，连环画式构图发生了变化，从北魏时期的单幅作品式发展到长卷式，又从隋朝的基础上发展而来并创新承接到唐代，这个时期的构图样式已经达到成熟期。画面色彩效果丰富，人物造型个性特点，线条更加细致。（图 2-26）

图 2-26　第 171 窟

在盛唐以后，一些故事常常是伴随着经变画表现出来,并悄悄地兴起,只有少数是由相对独立性地展现出来。莫高窟 171 窟北侧的《观无量寿经变画》中,画面中间主要描绘出极乐世界图,两侧对称的画出“序品”和“十六观”,以条幅的形式展现出来。“十六观”是《观无量寿经》的必不可少的故事,内容绘制于壁画东侧。讲述阿阇世王子改过自新,提倡礼拜佛法,倡导人行善积德的故事。十六观讲述了阿阇世王子在被奸臣挑拨后,阿阇世举兵造反,这时国王被囚,韦提希夫人探监,王后劝国王礼佛 ,然后国王礼佛,佛遣目犍连降临,后期进行讲经说法,派弟子富楼那说法 ,最终王子回宫,王子幽禁母亲,大臣劝谏,阿阇世悔过后,王后被释放,国王和王后礼拜后,佛祖说“修三幅和十六观”。整幅壁画呈竖式构图,每一个方格内强调画面局部情节的独立性,每个情节都互不影响,构成了连环画的构图形式。虽然分割的时空单元比较丰富,但画师将房屋、山水、树木等十六个故事场景形象生动的把每个故事画面运用图像的形式条理分明的连贯起来,构成一个完美的画面,以此来强调其故事的连贯性。内容表现舒朗自然,每个情节更为真实明确,把不同时间发生的故事连续起来,从而形成整体。整体上与旁边的观无量寿经变的主体形成一种照应,其画面之间的关联性也被充分重视,从而作为观无量寿经变有机的一部分,构成现代意义上的连环画艺术形式。(图 2–27)

另一幅壁画作品《须摩提女缘品》也是采取了连环式构图,内容表现得是佛徒须摩提女整个生活场景,从出嫁到过门后使梵志皈依佛教的情节。连环画式构图按照情节需求将其内容自由安排,把不同空间关系上的事物如人间、天上连接起来,看似同一空间、同一画面,而又不是同一情节。特别是把六千梵志赴宴,佛与诸弟子乘各种仙禽神兽凌空飞翔的场面作为主要内容,将其描绘的非常生动。整幅壁画既保持了连环画形式的画面结构严谨的特点,然而安排上又十分随意,节奏起伏变化丰富。在构图上没有固定的统一视点以及空间参照物,使观者在观看时不知不觉中领悟主题以及所有情节的升华,逐渐介入神奇的境地。

以上这些连环画构图艺术特点，出现在1000多年前的石窟壁画中，实在令人惊叹。赵声良认为中国连环画的成熟标志就是莫高窟171窟的未生怨故事，也是佛教故事画发展的新的高度。连环画的锥形产生于北朝时期从单幅画发展到长卷式画面，但这时期的长卷画还在强调照顾全画的结构，其故事情节还不能详细的表现。直到盛唐时期，壁画构图灵活，叙事详尽，连续性强，才是真正产生了最理想的连环画式构图形式。

七、屏风画式构图

屏风绘画构图是从唐代敦煌壁画中后期才出现的，当时佛教逐渐本土化和世俗化，其形式上模仿了皇室贵族室内的屏风样式。唐代经变画中经常运用屏风式构图形式。以佛为中心的经变画发生了很大的变化，其中穿插了越来越多的故事，故事数量少则两三个甚至达到七八个，包括法华经变、报恩经变、金光明经变等。画面变得琐碎，杂乱，以往那种单纯完整、气势宏大的精神失去了。正是在这时屏风画应运而生了。屏风式构图类似于屏风画的功能，其目的是把连续相同的构图形式组合相连，屏风壁画有三联、四联等等。比如在中唐莫高窟的112窟（图2-28、图2-29、图2-30），南壁上绘有金刚经和观无量经变，在每一幅的经变画下面都会搭配三联条形样式的屏风壁画，主要是根据经变画的内容产生了屏风式的构图样式。中唐以后，经变画与屏风画的组合方式其规模发展快速，其延续了早期经变画在上屏风画在下的模式。例如莫高窟159窟中，在南壁上方绘有三幅经变画，下面绘有九幅屏风画，每幅经变画下部都表现了不同内容的屏风画。例如弥勒经变下部为该经的“嫁娶”等内容。法华经变下部绘有“随喜功德品”“观音普门品”等内容。在观无量寿经变下面绘有“未生怨”和“十六观”等内容的屏风画。可见，屏风的内容形式是由上部的经变画来决定的，屏风画的出现丰富了经变画的表达方式，促进了经变画的内容更加直观化，并且更贴近生活，从而使得人们在接受佛教艺术时更加的自然。（图2-31、图2-32）

图 2-27　第 171 窟

图 2-28　第 112 窟

图 2-29　第 112 窟

图 2-30　第 112 窟

图 2-31　第 159 窟

图 2-32　第 159 窟

并不是所有屏风画都与经变画有关,也有很多屏风画内容是绘制的独立的故事画,与经变画无关。例如莫高窟第 9 窟中,北壁三幅屏风画是“须达那本生故事”,独立的描绘了“悉达多太子出城”“悉达多太子与妻子逃走”“悉达多太子施马”三个故事。在整幅壁画中,故事的表达没有按照明确的顺序,但是从这个故事可以看出,屏风画仍然具有连环画性质。对于故事情节及发展顺序,观者都是根据画面中的榜提文字来分辨。屏风画中除了表达故事情节以外，也有时候绘制山水，通过情节的变化自然的衔接，将几幅屏风画组合起来，构成一幅完整的画面效果。（图 2–33）

例如莫高窟 238 窟中的屏风画，画面中有描写非常精彩的青绿山水作品，画面表现三个故事情节，利用山水将画面分割成远景、中景、近景。将近景作为画面的中心，描绘的非常细腻，如果没有其故事情节，可以说是一幅富有意境的山水人物画。对于一扇屏风画会包含许多情节，这就使得画家过度注重故事内容，而忽略了艺术性。随着榜题的逐渐增多，使得文学与绘画相结合，补充了画面的不足，从而使得壁画达到了图文并茂、相得益彰的效果。这种方法被广泛地运用到了后期的连环画中。（图 2–34）

图 2–33　第 9 窟

图 2–34　第 238 窟

屏风画式构图一直作为主要表现形式延续到五代、北宋时期，并且这时期的作品规模表现较大，如第 61 窟的佛传故事，第 98 窟的贤经故事等。这一时期追求模仿世俗生活中屏风在室内陈设的状况，洞窟的布局发生了一些变化，从而改变了龛的形状，从正面的敞口改成了方形帐形龛，龛内画有屏风画。还有的是在中央设立中心佛坛，在下部画有屏风画。这些变化可以说明屏风画是随着社会的佛教艺术的不断世俗化逐渐发展的，并且较之其

他形式更为合适，从而增加了屏风画的内容。（图 2-35、图 2-36、图 2-37）

图 2-35　第 61 窟

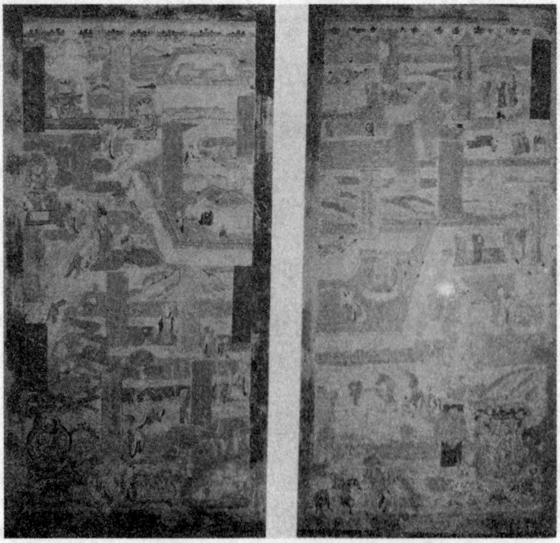

图 2-36　第 198 窟

图 2-37 第 198 窟

八、散点分布式构图

敦煌壁画的构图是散点式的，这是中国传统的透视观，不以客观现实为依据，不受时间与空间的局限，按照一定的情感意图和节奏来表现，即在全局大势的把握上打破了“焦点”的限制，而改为更加自由的、可以随视点移动的多个视点和多角度的“散点”组合在一个画面中，将焦点透视不能示见的景物都表现出来，展现一个全方位的空间。其置阵布势、经营位置是“笔随心走”“象由意生”。用主观方式处理画面，人物不分远近皆同样大小，建筑物可以看到前后庭院内的景和人物活动，故事情节的转换正是运用了这种特殊的处理方法。可见，敦煌壁画在构图上打破了传统的“人大于山”的正常透视，取而代之的是以散点式或鸟瞰式的透视方法，营造出不同于以往的巨型经变画，开拓了在感受空间万物的基础上创造意境的新领域。（图 2-38）

图 2-38　第 220 窟

敦煌壁画内容的丰富决定了构图形式的多样性，对于上述总结的八种构图类型，并不能概其全貌。敦煌壁画的构图样式也并不是一直单一的使用，有的则是运用多种壁画构图样式同时存在的。例如在莫高窟第 220 窟中，南北两壁绘制的《无量寿经变》和《药师经变》，在东门两侧绘制的《维摩诘演教图》，都是运用了对称式性构图，在门上有一幅说法图也运用对称式构图。在表达主体人物方面，运用了主像式构图；在石窟顶部运用并列式构图绘有千佛壁画；中间部位的藻井图案运用了对称构图。除了在同一个石窟壁画中，运用多种构图方式以外，还有在同一幅壁画出现多种构图方式的表达。比如在 172 窟北壁所绘制的《观无量寿经变图》中，壁画说法主体和两侧分别运用了对称构图和连环画式构图，对于这类壁画，要整体考虑画面效果，其构图方式要与内容产生内在联系。（图 2-39、图 2-40）

图 2-39　第 220 窟

图 2-40　第 220 窟

纵观敦煌壁画构图形式变化多样，使得画面中的内容、空间、关系等方面呈现出独特的艺术效果。正是由于敦煌壁画的内容丰富多样，从而也就创造出了各式各样的构图形式。壁画的内容和功能对其构图形式起着决定性的作用，它是适应内容需要的，也就是说构图是壁画表现内容和主题的形式。唐代张彦远把“六法”中的“经营位置”称之为“画之总要”，其构思远远超过了技巧，可见当时的画家对于构图的重视程度。敦煌壁画创作中体现了这个理论，敦煌壁画艺术的构图形式的体现，为后人提供了珍贵翔实的资料，同时为我们开创新的表现手法奠定基础。（图 2–41）

图 2–41　第 172 窟

第三章 敦煌壁画的造型手法分析

敦煌壁画中最主要的艺术成就体现在敦煌壁画造型上，其画面中的形象的刻画，并不是简单的描摹，而是艺术家对于生活的体验经验的积累，将大自然中存在的形象与艺术家的情感相结合，利用绘画的手法创造出高于生活的造型艺术作品。敦煌壁画由具体的造型组合成的具体情节，产生了有形又有意的造型。敦煌壁画中的各类造型种类繁多，充分体现了古代画师们的超高的智慧，通过敦煌不同时期的壁画所传达出的造型语言和情感因素的不同，去探寻敦煌艺术的奥妙。

一、供养人的造型艺术

供养人，主要用来表现那些出资造窑、绘塑佛画佛像的功德主、窟主以及眷属等供养人的画像。它直接来源于现实生活中“供养人”的形象。它是佛教在我国普遍兴起时出现的一种佛徒功德画像，供养人画像是从十六国、东晋（约 4 世纪）时期兴起，一直到五代、宋、元、明、清等各代都有。它虽然不属于佛教教义内容，但又与佛教密切相关。这些善男信女们身心佛教思想，并大量出资开窟塑像宣传、弘扬佛教事业，并通过广做功德，以求佛祖的庇护与保佑，并降福于他们，为先亡七世父母“征福”；或是为活着的父母眷属及本人祈祷，都能因此受益而“往生净土”，以求安宁。从北朝开始，在敦煌壁画中保存了大量这样的供养人形象，多到不可胜数。供养人身份比较复杂，基本包括社会阶层的方方面面，如世家豪族、王公大臣、达官显贵、国王家族、僧尼居士、贵族妇人、行人社众、庶民百姓、画师塑匠、仆婢倡优、中外商旅、戍边将士。民族也相对丰富，既有汉族，也有鲜卑族、党项族、吐替族、匈奴族、回鹘族、蒙古族等。造窟的规模取决于功德主（供养人）的社会地位和经济力最。这些供养人，有钱出钱，无钱出力，为了开窟造像，做出了极大的贡献。就分类来看，主要有：（1）集资造窟的供养人画像（即无明确的窟主），给出资者每人绘一像，以示诚念，像侧往往有题名，人数多达上千人。如北周第428窟，该窟是集合当地僧人、下层官吏、乡里百姓以及画工塑匠等普通民众所造，供养人画像即达1200余身。（2）由一人或一家独资凿建洞窟的供养人画像（一般以姓名窟，如“翟家窟”等）。这种洞窟中的供养人便与家庭成员紧密相关，上自祖辈，下至子侄乃至仆役、奴婢等尽皆入画，且主要供养人像与真人等高，有时甚至高于真人。一般多为盛唐以后敦煌地区回鹘、党项、吐蕃、蒙古等王公贵族，或者汉族藩镇一方的节度使、刺史、高级官员和地方豪族富绅等。以“家窟”题名者其宗教色彩退隐，礼佛的意义已大为削弱，主要目的是为了炫耀身份，显赫家世。而表现复杂的社会变化和民族关系发展、时代政治经济之升降、服饰文化之变迁等含义大为上升。隋代第62窟，窟内依次排列着一家祖孙三代的供养像。以后出现了第98窟“曹家窟”、第156窟“张家窟”、第148窟“李家窟”、第220窟“翟家窟”、第231窟“阴家窟”等。出行图也是变相的家窟形式，如莫高窟第156窟《河西节度使张议潮统军出行图》、第100窟《归义军节度使曹议金统军出行图》等。（3）结社合资造窟的供养入画像（俗称“社窟”），出资者乃“邑社”社人，亦每人一像，像侧题名。此类社人大多为下层僧俗官员、城乡士绅、普通民众和社会下层人员等，如中唐第90窟、晚唐第147窟、宋代第205、370、443窟。（图3-1、图3-2、图3-3、图3-4、图3-5、图3-6、图3-7、图3-8、图3-9、图3-10）

图 3-1　第 98 窟

图 3-2　第 62 窟

图 3-3　第 62 窟

图 3-4　第 156 窟

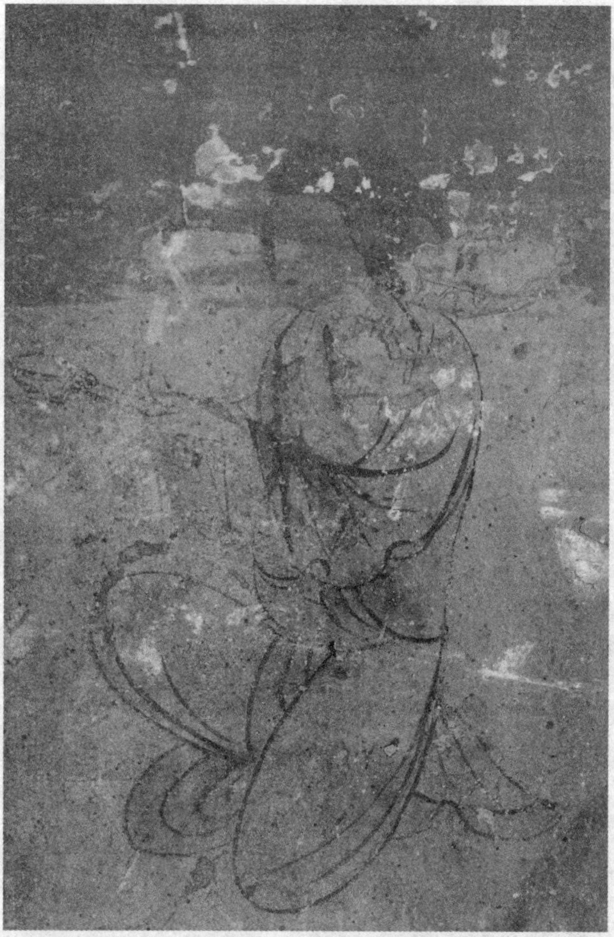

图 3-5　第 225 窟

图 3-6　第 231 窟

图 3-7　第 220 窟

图 3-8　第 107 窟

图 3-9　第 205 窟

图 3-10　第 61 窟

早期壁画中的供养人画像的出现多为礼佛、供佛、赞佛、修功德、祈福祉等，供养人形象较小，又多画在窟壁的最下端，损毁较为严重，形象特征不明显，多跪式，无题记，地位极为低下。但也有些较为生动者，如第 285 窟北壁一位女供养人，飘带在身后缓缓飘起，手持长柄香炉，徐徐走来，令人想到顾恺之《洛神赋图》中的二女神即着此装，其衣带迎风飘举，翩然翻飞，表现出其仙人之姿。这是按照中原式的画法表现的。（图 3-11）

图 3-11　第 285 窟

隋唐时期刻画供养人形象时，完全打破了以前雷同的模式，越来越多地注重根据供养人的不同性格特点进行刻画。早期供养人像被供奉在石窟的边沿之上，大多表现的是捐赠物料的达官显贵的人像。供养人通常绘制于墙壁的下部，包括有的一主数仆，三五成群，男女分列排开，在后面还画有车马；有的在窟的四周排成整齐的队列，盛唐时形象愈画愈大，其位置发生了改变，多把供养人画到角道两侧，最后竟与真人的高度几近，有的可达等身大小。供养人像的数量也随着时间的推移发生了变化，经历了从画面的个人、多人发展到全家，乃至几百人的组合，形成了宏大场面。因此这些供养人像成为石窟的新壁画。供养人画像中包含有官吏、贵族妇女、大臣、僧侣以及侍从奴婢等各种人物形象，所有的供养人都手捧萱花，面朝主室内正壁所塑主尊，虔诚供养，供养人的画像描绘的愈益精湛。第130窟《都督夫人太原王氏礼佛图》是其中非常优秀的作品，它绘于唐天宝年间（742—756），是当时最有代表性的供养人画像等身的巨像。据记载仅凿挖洞窟就用了四年，而绘制壁画则花了三十年。壁画运用独立画面分别画于甬道两壁，洞窟南壁画乐庭镶夫人，身高高达约八、九尺，体态雍容华贵，面相丰圆，浓眉、两颊还微染，头饰抛家髻，着碧衫红裙，白罗花披，手捧香炉，恭敬向佛。北壁画乐庭镶着斓杉，腰带，身后侍立三子及奴仆，两幅壁画反映出了当时的审美风尚，大大地提高了供养人的从属地位。夫人身后随二女及侍婢，二女头梳高髻饰鲜花、穿大袖衫、高腰绣花裙帔帛，双手合十擎花。九名侍婢女，持扇抱瓶、捧琴，长幼不同，发饰各异，着衫裙帔帛，情态多变。背景加入了偏偏峰蝶、垂柳萱花，使得画面增添了活跃的氛围。标题为“都督夫人太原王氏一心供养”。画面中人与自然景色相结合，构想出了一片阳春三月，艳阳和煦的情景。这幅女供养人画像实在是技艺出众的唐人仕女画，体现了敦煌艺人的高超的艺术构思和表达手法。从这些世俗化的形象可以看出，画师们在表达宗教内容的同时，仍然在努力寻求情趣的表达。也能够看出当时的百姓对于佛教思想的崇敬。实际上，真正参与开窟造像以及修缮维护的人数肯定超过这个数量，壁画中所绘制的供养人画像只是所有供养人中的一部分，所有的参与者，不仅仅是出资出力开窟造像的人，包括后来不断前来朝拜礼佛的善男信女，也都是敦煌艺术的创造者。

二、菩萨的造型艺术

菩萨是敦煌壁画最为常见的题材，胁侍菩萨通常处于佛两侧的菩萨，主尊佛的不同决定了其胁侍菩萨也有所不同。在佛教初创的小乘时期，只有释迦牟的前身和尚未成佛的悉达多王子才能称为菩萨。但是，大乘佛教创后，凡是立下宏愿，上求佛道，下化众生的都可称为菩萨，与小乘教相比，显然更加世俗化了，甚至那些精通佛法的高僧和修行者也称为菩萨，可谓“人人具有佛性，人人皆可成佛”。如释迦牟尼佛的两侧以配文殊菩萨和普贤菩萨。这主要来自《华严经》教义，所以称作“华严三圣”。根据《阿弥陀经》等净土经典思想，因为阿弥陀佛是西方净土世界的教主，阿弥陀佛的两侧配以观世音菩萨和大势至菩萨，称作“西方三圣”。东方药师佛源于《药师如来本愿功德经》等经典的思想，两侧则是日光菩萨和月光菩萨，称为“东方三圣”。这是敦煌石窟的开凿历经 10 个朝代，前后 1000 余年，因此，关于菩萨的绘画和雕塑不可胜数。这些数量众多的菩萨塑像和画像，在形制上具有明显的中国特征，与印度、东南亚以及西域的菩萨明显不同。在历代佛像中，起初都是将佛与菩萨组成壁画中的说法图，一般都是一组三身或时佛身边围绕着更多的菩萨。唐代以后，菩萨的单幅绘画的数量也逐渐增多，通常文殊和普贤菩萨与中央佛龛中的佛像相应，绘制在窟门两边或佛龛两侧，扩展了说法图的意义。

观世音菩萨在所有的菩萨类型当中是最常见的一种，观世音菩萨图像可谓中国佛教图像中影响最大、持续最久、流传最广、种类最多的一种图像。在中国民间，普通百姓对于观世音菩萨的敬仰远远超过了对佛陀的敬仰，观世音菩萨成了最深受人们敬仰最具有影响力的菩萨。但是观世音菩萨的形象并非始终如一的，而是发生了很大的变化。根据一些学者考证，在佛教尚未产生的公元前7世纪时，印度婆罗门教的古经曲《梨俱吠陀》中就有了观世音。不过，此时的观世音菩萨是一对孪生的小马驹，并非人类。它作为婆罗门教中的善神，象征着慈悲和善，且神力宏大，能使盲者双目复明，残疾人恢复健康，不孕者生子，甚至可以使枯木开花，可见，观世音菩萨在出现之初，其神力保佑的范围就大致确定了。大乘佛教创立之后，善神观音被引入到佛教中，但最初还是马头观世音，仍不是后来的人形。直到公元前后，观世音菩萨才由畜身变成了人身。表现观音菩萨的浮雕早在中国南北朝时期就已经出现，内容来源于《法华经观世音菩萨普门品》。后期民间信仰中，将这部分内容从《法华经》抽出来，单独诵习，称为《观音经》。

比如在第161窟中就有一幅马头观音像，此时，观世音菩萨已经完全为人形，但头上戴着一顶高大的马头头盔式宝冠。佛教传入中国时，观世音菩萨是阿弥陀佛的左胁侍。《华严经》中提到观世音菩萨，这样说：善财童子拜访观世音，在普陀珞珈山，“见岩谷林中，金刚石上，有勇猛丈夫观自在，与诸大菩萨围绕说法”。可见，此时的观世音菩萨还是男子身。因此，在佛教传入中国的初期，观世音菩萨塑像和画像是男身丈夫形。自隋代开始，男身女相已逐渐出现有的甚至完全具有了典型女性特征。后期以出现了女身男像这一飞跃。到了唐代，身相完全转化化为女性，已出现大量的女性观世音菩萨图像，基本走完菩萨性别的演变过程。因避唐太宗李世民之讳，改称为观音。唐代高僧道宣说：“造像梵相(画像)宋齐间皆厚唇、鼻隆、目长、颐丰，挺然丈夫之像。自唐以来，笔笔皆端来柔弱似妓女之貌。故今人夸菩萨如宫娃也。”据有关学者考证，在隋以前作品中描绘观音的题材出现的非常少。对于观世音菩萨的演变盛行，是唐以后的事。关于观音菩萨的图像仅在唐代就已经多达130余窟，经历了由简单到复杂的变化过程，中晚唐时期逐渐出现了密宗菩萨图像，主要图像基

本完备，菩萨身份也逐渐明确而具体。（图 3–12）

图 3–12　第 161 窟

唐代第 45 窟南壁壁画中出现了表现《观音经》的观音经变，其作品以经变画为主，增加了内容，形象刻画的最为完整。画面中央绘有端庄优雅的观音菩萨像，两侧分别描绘出观音菩萨救苦救难的场景。整幅画颜色较浅，轮廓清晰，简单明了。佛经中说，如若在海上遇风浪或海中的妖怪，只要口念观音名号，即可消灾免难。整幅壁画中画出一条航行在大海中帆船正在被众多的怪鱼怪兽攻击 ，在这危难的情况下，船中之人都双手合十向观音菩萨祈祷。另一画面表现的是商人们在山中遇见几个手执刀杖的强盗，这时商人们双手合十做出祈求菩萨的样子。两幅作品中生动的场面都是在遇难时得到了观音菩萨的救助。如果抛开其说教内容，正表现了古代的商人或旅行者的真实生活。主尊观音像位于正面，观音除了下部已残缺，其余都比较完整。多位菩萨动作多样，有的捻着手指若有所思，有的端坐着闭目养神，有的摊开双手表示询问。菩萨的面容和神态已经和生活中的贵妇相差无几，面部神情端庄、丰盈红唇，眉清目秀，两耳垂肩。华盖由珠宝、璎珞装饰于全身，充分体现出了该时期菩萨造型的世俗化特点。

（图 3-13）

图 3-13　第 45 窟

现藏于英国不列颠博物馆的《引路菩萨图》出土于敦煌藏经洞。这幅以菩萨为描绘对象的画作向观众展现了一个引亡灵升入天凶的场景，“引路菩萨”的题记表明了这幅画作的主题。在前面领路的大菩萨女体态丰腴，容貌端庄秀丽，神态从容安详，她右手执香炉柄，左手持莲花，蹄着祥云缓缓前行。菩萨手持的莲花下有白幡，幡分四栏，各栏均绘有图案。菩萨后面跟随的女子正是画幅中所描绘的亡灵，她的脸庞丰满，衣着和发型正是典型的唐代风格，令人想到张萱、周昉笔下的绮罗人物画。除了人物本身外，画面中其他部分如香炉、菩萨的发饰等也都用金色描绘而成，营造出艳丽多彩的面貌，反映出唐代土俗生活的富足。在画面的左上角，隐约可见一些建筑物，那便是亡灵要去的净土世界。从技法上看，这件作品手法高超，特别是在色彩方面，艳丽而和谐，晕染自然生动。唐代这种描绘菩萨的作品可以看作中国古代宗教绘画的一个高峰。值得注意的是，这些宗教题材的作品较之前代更加世俗化，就像这件《引路菩萨图》中的菩萨便显示出浓厚的世俗意味，看起来更加有人情味儿。

在宋代,观世音菩萨已经完全女性化,达到了最为柔美的程度。由于中国文化的影响,开始使用纤细的线条,观世音菩萨造型趋于柔美化。莫高窟第17窟藏经洞出土了北宋时期的《大慈大悲救苦观世音菩萨图》,这幅图中观音的形象面容秀丽,神态端庄,头上方绘有花朵,身前放两个宝瓶,很像慈祥的中年妇女,左右描绘着观音要救的6个危难情景。菩萨的下部画有供养人的像,左边有一妇女和一侍女,右边绘有跪坐的两位男子,身着官服,表情端庄严肃。经过元、明、清三代的进一步演变,观世音菩萨已经成为典型的中国女性形象。这样的演变,在敦煌莫高窟的壁画中留下了明显的痕迹,如在第161窟中菩萨经历几个朝代的演变,逐渐由"勇猛丈夫"变为美貌女性,这可能是因为人们认为女性更有一种善的形象。

随着人们对于观音菩萨的敬仰之心不断增加,千手千眼观音像、六臂观音像、如意轮观音像、水月观音像、十一面观音像等形象出现在敦煌壁画中。其中水月观音相较有特色,即观水中月之观音。据文献记载,唐代画家周昉最早创作水月观音像,并得到画家辅助于颜色,把美丽的自然风景与观音像结合起来,在水光月色下表现出一种空灵的境界,深受人们喜爱。水月观音的形象在晚唐以来开始流行。水月观音像反映了中国文人审美意识对佛教美术的影响,迅速成为佛教艺术题材中的重要样式。西夏时期的水月观音像是相当流行的,地位也比五代宋时高。水月观音之所这么流行是因为不仅是作为人们礼拜的对象,并且是人们欣赏的对象。一般水月观音是坐在流泉清池中的金刚宝座上,手持净瓶和柳枝,背后身旁是翠竹花卉,山峦彩云,整个画面犹如一幅山居图,散发着一种清净深旷的意境。

关于"千手千眼观音"的壁画在敦煌占据的数量非常多,据有关统计,多达37个洞窟绘有"千手千眼观音经变",共有40幅。起源于盛唐,发展至元代。其中,盛唐及中唐时期数量很少,但晚唐至宋代数量最多。西夏时期尤为兴盛。到了元代,菩萨形象类型变得更加的丰富,出现多手多脚的菩萨,千手千眼观音形象达到了最完美的阶段。莫高窟第148窟东壁甬道上方的《千手千眼观音经变》是中国现存最早的千手观音图像之一，绘制于盛唐时期，这观音身着菩萨天衣，头戴化佛冠结跏趺坐于莲花之上，以璎珞宝珠装饰全身，身后有背光。在圆轮状的背光中，左右对称地画出42只手，除了3双手作法印外，其他各手持有各种法器、法物。在观世音菩萨两侧分别站着二十八部众中的部分天王、众神。第161窟窟顶藻井上也有一幅《千手千眼观音经变》，绘于晚唐时期。在这幅壁画中，观音结跏趺坐于莲花上，头戴化佛冠，10只大手各持不同法器，观音的圆轮形背光是由上千只小手构成，四位飞天在观音周围飞翔，整个画面生动热烈，充满浪漫色彩。（图3-14）

图3-14 第148窟

敦煌中规模最大、内容最为丰富的《千手千眼观音经变》绘于安西榆林窟第3窟东壁南侧，属西夏时期的作品。在这幅壁画的中央，是51面千手千眼观音菩萨正面立像。观音脚踏莲花，宛若从水中升起，头顶有宝盖，有一位化佛在宝盖下面，两侧各有一身圆月中的化菩萨。观音的吉祥天女、火神金刚、毗那夜伽神等在下方水池两侧，整幅壁画呈现出丰富的画面效果。

莫高窟第3窟南北二壁的两幅《千手千眼观音经变》是元代晚期的作品，均高2米，长2.4米。手千眼观音像以线写形，以色显容。两壁的构图、布局与人物形象一致，但总体而言，北壁比南壁的绘画更为精致。这幅壁画中的观音菩萨有十一个面孔，正面有三眼，看似有三个头像，侧面看有八头像。头藏宝冠，体态丰润，神态端庄立于莲花上，身披菩萨天衣，腰间系有长裙，全身有璎珞环钏装饰。在观音身体两侧伸出40只手各持法器、法物，其中一手高举化佛于头顶，每个手掌掌心和手臂都有一只眼，组成圆形法光，组成观音的背光，似乎都在观察天上和人间所发生的一切。如莲瓣编织而成的花瑶在菩萨背光的两侧，是婆薮仙人和吉祥天女，两身飞天位于上方两侧，火头金刚和毗那夜伽神位于下方两侧。这窟的观音画像造型生动、传神，画面布局丰满，用遒劲有力的线条勾勒人物轮廓，壁画地底部为深色，人物淡施晕染，颜色清新，显示出画师们高超的艺术技巧和素养。

文殊菩萨是敦煌壁画中另一重要题材。文殊菩萨是“智慧”的象征，与“理性”的象征普贤菩萨常胁侍于释迦牟尼佛左右。一般来说，文殊菩萨骑青狮，普贤菩萨骑六牙白象，与释迦牟尼统称为“华严三圣”。“文殊经变图”最早见于初唐洞窟壁画中，如莫高窟第220窟中的文殊菩萨，就分居于主室西壁龛外南北侧。此类文殊经变的基本造像特征显著，一般是手持如意，端坐于坐骑身上的莲花宝座上。与观音一样，文殊菩萨也是身披菩萨天衣，全身有璎珞环钏装饰，头上有发冠。在文殊菩萨主尊身后左右，有众多胁侍围绕，还有各式伎乐菩萨，前面一般有天人引导，并有供养菩萨，狮子由昆仑奴牵引。敦煌壁画中描绘文殊与普贤的画面有一个由简到繁的过程。在初唐和盛唐时期，文殊菩萨的经变图一般只有文殊、坐骑、昆仑奴三位。到了中唐、晚唐以及五代时期，文殊经变的画面内容更加丰富复杂，画面就已经多达十几人了，画中除了绘有持宝幢、执宝幡、捧香炉、托花盘的供养菩萨外，还有弹奏各种乐器的伎乐菩萨，以及护法的天龙八部神、帝释天、梵天、天女等，莫高窟第231、237窟的壁画就是如此。第231窟为中唐的代表窟之一。据东壁门上的题记得知，此窟开凿于839年，是敦煌世家豪族阴氏所建，因此又叫作阴家窟。主室窟顶为覆斗形，顶部为华盖式藻井，周围飞天旋绕，窟顶四披居画法说法图，周围布满千佛。西壁开盝顶帐形龛。设马蹄形佛床，残存塑像三身，龛内壁画联屏十扇，画有《萨埵饲虎图》等本生故事画。盝顶四披画瑞像图40幅。其中西披中央有一尊双头佛像，一身二头，高肉髻，身着袈裟，两手下垂，两手下各站一人，身穿长袍。在西壁龛外两侧分别画有《文殊变》和《普贤变》。南壁画有《天请问经变》《法华经变》《观无量寿经变》，北壁画有《弥勒经变》《华严经变》《东方药师经变》。第237窟也是中唐时期修建，此窟的窟顶为覆斗形，西壁开盈顶帐形龛。窟内四壁绘有多幅经变画，西壁龛外两侧绘有《文殊变》和《普贤变》。在北侧《文殊变》中，文殊菩萨手持利剑，半侧而坐于狮子座上，昆仑奴牵狮，伎乐天轻歌曼舞，帝释天、梵天、菩萨、天龙八部神围绕在文殊身旁，远处云霞，山峦隐现。南壁的《观无量寿经变》中有反弹琵琶舞伎，舞者手弹琵琶，随着音乐翩翩起舞，长巾随着舞姿旋转变化，造型优美。（图3–15、图3–16、图3–17、图3–18）

图3–15　第323窟

图 3-16　第 148 窟

图 3-17　第 231 窟

图 3-18 第 237 窟

莫高窟第 100 窟，除了以文殊菩萨为画面中心的壁画外，还有一种是在维摩诘经变中的。维摩诘经变描绘的是维摩诘居士，精通佛理，为弘扬佛法，在毗耶离大城以身示疾说法，与前来探病的僧俗之人辩论佛法，无出其右者，文殊师利菩萨前往与其辩法。《维摩诘经变》在构图上较为特殊，是分别以维摩诘和文殊菩萨为一方而作对称布局，在各自一方又分别是以维摩诘和文殊菩萨为中心而展开的，因此大多位于洞窟门两侧。其中的文殊菩萨端坐于高座上，端庄郑重，表现出智慧神的气质，身下绘有前来问疾听法的中原帝王将相出行图。此类造像最早见于隋代，唐代表现最为成熟，以莫高窟第 220、103、335、332 窟为代表。发展到晚唐、五代、宋以及归义军时期，则以大幅画的形式出现，代表窟有第 9、8、100、61 窟等。（图 3-19、图 3-20、图 3-21）

图 3-19 第 9 窟

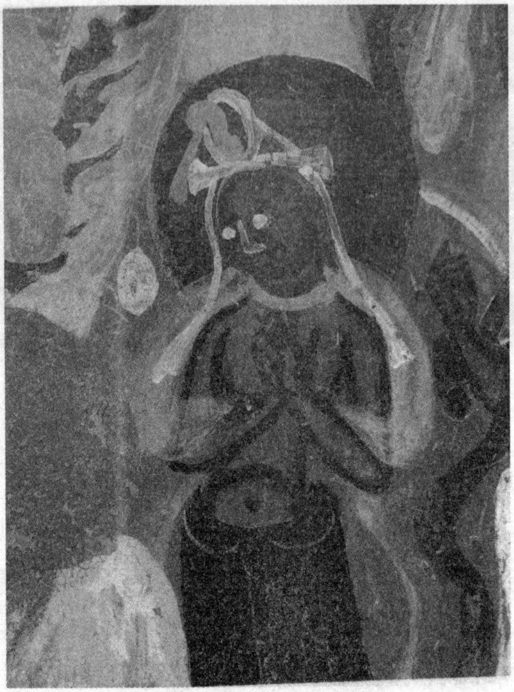

图 3-20　第 8 窟

图 3-21　第 61 窟

五代宋时期，还出现了一类“新样文殊变”的造像形式，以莫高童第220窟重修的甬道图像为代表。在这类画像中，文殊菩萨骑狮，身后放千光，于阗国王驭狮，善财童子参拜。其中，文殊与阗国王有题名，善财童子无题名。这类画像内容在敦煌藏经洞中被盗劫的不少版画中也可见到，只是版画因为版面所限省略了文殊菩萨的华盖。版画中的文殊菩萨坐于狮身上的莲花高座，正面，有背光、项光、头戴花冠，身穿菩萨天衣，左手抚胸前，右手执如意。狮子四蹄踩着四莲花，脚下四周是祥云。于阗国王位于文殊坐骑右侧，面向观众，身披长衫，内穿红袍，高筒毡靴，站于祥云之上；善财童子站在左侧，垂髻打扮，上身半裸，下身着裙，绕带，屈身合十做礼拜状，同样有祥云缠绕脚下。文殊左侧题字是“大圣文殊师利菩萨”，右侧题字是“普劝志心供养受持”。（图3–22）

图3–22　第220窟

另外，在榆林窟第19、32窟，有传统文殊经变与新样文殊经变相结合的独特造像。新样文殊经变的出现是与五台山地区对文殊的特殊信仰密切关联的，莫高窟第61窟“文殊堂”是这种造像形式的代表。所谓“文殊堂”，是指洞窟中心佛坛上彩塑主尊为

文殊菩萨像。在五代、宋初曹元忠作为敦煌地方最高统治者的时期，这种新样文殊经变最为盛行。（图 3–23）

图 3–23　第 19 窟

例如敦煌第 172 窟，文殊和普贤赴会图分别画在门两侧。门北侧主要描述文殊菩萨骑狮子前行，昆仑奴牵狮，文殊的眷属及众多的菩萨天人跟随其后。门南侧主要描述普贤菩萨乘白象，眷属及众多的天人也在前后簇拥着。最吸引人们的两幅作品上部都画有完整的山水风光，一组突兀高耸的山崖在左侧表现，临近江面的山峰壁立千仞，让人联想起雄奇的三峡。山用青绿和赭红色颜色晕染出来，颜色鲜艳而富有光感。一条河流在山崖后面蜿蜒流出，最终汇集成一条大河。水波的起伏随着由远到近越来越明显。一望无垠的平川描绘在右侧，一条河流弯弯曲曲从远处流淌过来，河流边上的树木近大远小，消失在天边。中段是一片广袤的平原，随处可见平缓的山丘，山丘后面的河流交汇在一起。这三条河由远及近汇于一处，形成壮阔的水面。山水画主要反映出北方壮阔、雄浑的风光，充分体现爽朗、阔大等精神，完全有别于后代山水画所追求的怪、奇。无论是对光的明暗及色彩的表现，

还是对于透视关系的处理，整幅山水画都达到了很高的水平。（图3-24、图3-25）

图3-24 第272窟

图3-25 第172窟

第159窟西壁壁画绘制的也非常精美。内容包括文殊和普贤赴会图。文殊菩萨神情安详，手执如意坐于雄狮背上的宝座，天龙八部等众神围绕于前后，绘制于龛北侧。这些菩萨圣众表情各异，动态不一：如菩萨沉浸在遐想中凝神俯视；天女在狮尾后部，表情天真无邪并探头外视；牵狮的昆仑奴正使劲牵绳，其双眼圆睁，动作神态极为真实。描绘的最动人的是三身伎乐，最前面的一身侧着脸，目光下视吹着横笛，伴随着乐曲她的头在轻轻摇晃；另一身头微微上仰，眉开眼笑，打着拍板，一副喜悦之情；最后一身伎乐赤脚站在莲台上，眼睛注视着手指的动作，神情专注地吹笙，翘起的脚趾似乎也随着音乐的节奏打着拍子。（图3-26）

图 3-26 第 159 窟

在文殊、普贤赴会图的下部往往以屏风画的形式画出五台山图。五台山在山西省,因为山有五顶称为五台。北魏以来人们发现五台山的形势与佛经中记载的文殊菩萨的道场——清凉山十分相似,便在五台山建立了供奉文殊菩萨的寺院,后来不断地出现了文殊菩萨在五台显现的传说,促进了五台山佛教的繁荣。到了唐代,皇帝也多次派人到五台山送供,并有人画出《五台山图》在首都长安一带流传开来,甚至连边远地区的敦煌也出现了五台山图。五代时期的第 61 窟,称作文殊堂,就是专门供奉文殊菩萨的。洞窟中央设佛坛,原来塑有骑狮的文殊菩萨像,现在已流失,仅有狮子的足迹和尾巴保存下来。在此窟的后壁,画出了长达 13 米多的巨幅《五台山图》。

三、飞天的造型艺术

敦煌壁画中的飞天形象是佛教艺术中最生动的形象,是人类与自然相处的过程中形成的,古代劳动人民把自然界的风云走兽都神化了，表现出了人们对神仙世界的憧憬。有翼的神仙人物出现是由于人们幻想能够飞行并征服自然，并用祥云来衬托以表示飞行。飞天一般都是两个一起出现，一个奏乐一个撒花，飞天形象在佛教艺术中是最令人喜欢的，是佛教艺术中具有专门职能的天人，而壁画作为佛教艺术的一个组成部分必然会出现飞天形象。飞天形象在公元前二世纪的雕刻和壁画中就已经出现了，最早出自印度。飞天是随着佛教的传入而进入中国。但是，印度飞天并不是直接进入莫高窟的，而是飞越千山万水，途经许多国家和地区，并不断吸收、融合当地的艺术后，才辗转传入中国的。它首先经阿富汗，然后又进入西域诸石窟，经过玉门关、阳关，最终传入莫高窟。其间吸收了波斯、希腊、罗马等艺术的精髓，最终形成具有中国特色的飞天形象。

由以上叙述可知，敦煌飞天，既不是对于中国羽人的完全继承，也不是印度飞天复制，而是以歌舞伎为蓝本，在吸收外来文化的基础上，促进了本民族的艺术，从而创造出具有中国艺术风格的中国飞天。

北凉，莫高窟现存最早是北凉的敦煌飞天，其艺术样式延续了西域飞天的形象，又称为“西域式飞天”。这些飞天上身半裸，眼大鼻直，大耳大嘴，并涂有白眼珠、白鼻梁，形体较短，身体呈“V”字形，下穿长裙一条飘带从两肩绕过手臂飘下。绘画技法上人物转折强烈，笔触粗狂，飘带描绘的过于短，从而缺少飘逸感，对于妆饰与服饰的刻画缺少细节，和西域石窟的飞天形象、姿态等都很相似。色彩主要运用带有印度风味的深蓝色、暗红色、黑色、白色，身体的肌肤运用西域式的晕染法来表现身体的立体感。飞天造型最早的洞窟有三个。第 275 窟，在《尸毗王本生画》和《毗楞竭梨王本生画》的上方描绘了飞天，身体呈“V”字形，手臂张开或双手合十，也有作散花之状，四肢动作较粗犷僵硬。上身裸露，下穿长裙，从两肩绕过一条不长的飘带，缺乏凌空飞跃飘逸的美感。椭圆脸型，白色圆眼睛、挺直的鼻梁、大嘴，大耳朵、头戴花蔓冠或梳圆髻，画法上采用西域式画法，用黑线勾勒晕染五官及身体外部轮廓，加强飞天的立体感。莫高窟第272窟飞天与第275窟飞天相比在形态装饰上有了一些转变。例如飘带的长度比以前长了，并且强化了飘逸的动感效果。腿部的动作有所改变，虽然整体看来还是比较僵硬，但是两条腿向相反方向弯曲，产生了欲想飞动的姿势，整体姿态动作比莫高窟第275窟变得柔和飘逸了很多。（图3–27、图3–28）

图3–27　第275窟

图3–28　第272窟

北魏时期飞天虽然还保留着西域飞天的鲜明特点，但是受西域飞天的影响已经明显减弱，飞天形体如身型、脸型、飘带等一些具体形象上已经发生了明显的变化。可见中原文化对敦煌石窟壁画的影响日渐显露，特别是魏晋十六国时期文艺思潮和壁画艺术的影响，中原文化与西域文化逐渐融合。在这一时期形成了两种风格。一种是仍然继承了西域风格，体态对比强烈生硬，描绘笔触粗健豪放，利用石青、石绿、黑白等色在大红底上晕染。另一种就是受中原影响的风格。此时为了迎合敦煌大众的口味，适合他们的思想意识，社会风俗和审美情趣，受到了本土根深蒂固的受汉晋绘画的影响，发生了很多新的变化。飞天脸型已由椭圆变成修长而丰满，五官匀称和谐精致，面部形象也向中国古代妆饰形象靠拢，大眼变秀眼，大嘴变小嘴，希腊式的隆鼻变化为中国式的曲鼻，上斜的眉毛变为平眉。姿态多种多样，有的振臂腾飞，有的对面思语，有的彩云飘扬、有的天花乱坠等，整体形态颇有诗意。身材比例也转变成修长体形，腿部的比例大约是腰身的两倍。在莫高窟第254、257窟中，十几身飞天，飞向佛光中。其中两个飞天在佛龛上部的两侧，一组飞天仰头向上，悠然地弹奏琵琶，一组飞天应节而舞。他们上身半裸，斜披天衣，上着长裙，但露出赤脚，色彩鲜艳飘带绕着双臂飘下，尾部有齿状造型出现，身体转折较大，差不多形成90° 直角，显得力量有余，柔软不足。飞天身形逐渐变得修长，比起前期的飘带，这时期的飘带刻画的更加的鲜艳飘逸，缠绕于飞天修长的身体上，两腿腾空慢步，犹如升空的效果，飘带迎风飘扬，使得飞天形象更加灵动飘逸。第257窟北壁说法图中，一组飞天在左上部完整地被保留下来。这组飞天共八身，其姿态各异，有的双手合十，有的面向后倒着飞行，有的迎风而舞，飞天身上的飘带能达到四五条之多，和衣裙随风而飞舞，使得飞天的动态更加完美，造成一种满壁飘逸的效果。（图3–29、图3–30）

第248窟的飞天较多地画在人字披东西两面的仿木椽结构间，这里没有西域式那种厚重的晕染，采用了中原式画法，注重线条，这些飞天束发，眉目清秀，神态恬静安详，身材苗条，但又不过分修长，细细的飘带随风舞动，飘带的末端形成的尖角，柔和自然。这种中原式的飞天到西魏以后便开始在洞窟中流行起来。

图 3-29　第 254 窟

图 3-30　第 257 窟

西魏初年，东阳王元荣出任瓜州刺史，他将中原的文化艺术带到了河西，同时还带来了南朝秀骨清像派飞天，从而改变了佛教艺术的流向。这一时期的莫高窟，在壁画中出现了道教题材和佛教题材同窟表演的局面。在同一石窟，既有佛教天人，也有道教神仙。出现了道教的羽人、飞仙和佛教的飞天以各自独特的风姿，同欢共乐在一个洞窟的艺术现象。这就发展出了飞天的新形象，其脸型消瘦、鼻直眼秀、眉目疏朗、脸颊染两团猪红、身材修长、身体姿态轻盈、飘逸。这种现象是佛道思想相互融合在飞天形象上的反应。

莫高窟第285窟飞天是西魏时期敦煌壁画中比较有代表性的作品。此窟的窟顶表现的主题是中国古代传说之神——伏羲、女娲以及相关的雷神、风神等，飞天也与这些神仙一起出现在云气飞扬、天花飘飘的空中。石窟壁画中出现既有道教的羽人和飞仙形象，又有佛教飞天形象，将佛教的飞天与中国传统神仙完美地结合在一起，共同表现出神仙思想。虽说在西魏时代中原风格已经大规模地传入敦煌，但是敦煌地处丝绸之路要冲，不断地受到来自西方和中原的文化影响。到北周时一些洞窟的壁画又回到了西域风格。（图3-31）

图3-31　第285窟

第428窟就是这样一个洞窟，窟内基本采用西域式的画法，在窟顶的平棋图案，往往在四角画出四个飞天的形象。这些飞天体格健硕，动态强烈，与北魏时期的飞天比较接近，从身体比例的准确性和动作的灵活性等方面，已经显得非常成熟。在顶后部的平棋中还出现了裸体飞天，均为男性，肤色白皙，身体比例适度，体态自然柔韧轻盈像白蛇一样，双腿呈"U"字形后仰，在空中轻盈灵动自由的飞翔，给人视觉上的审美享受。裸体飞天在印度是十分常见。在新疆的克孜尔石窟等处，还可以看到一些裸体飞天，但在中国内地的云冈、龙门等石窟则基本上没有出现。敦煌在北朝的一些洞窟中出现少数的裸体飞天，如北魏的第257窟、431窟，西魏的第285窟等，北周第428窟的裸体飞天形象清楚，色彩大体完整，从中可了解西域风格画法的特点。莫高窟第285窟，窟顶南画有受道教思想影响的飞仙图，飞仙形象与被汉化的敦煌飞天形象基本没有区别。飞仙脸型清瘦秀丽，头梳丫髻，双手持蟠，上身半裸，下身穿短裙，体态呈流线型，好像是在空中自由漫步。莫高窟第285窟南壁描绘了十二身飞天，神态安详的乐舞飞天手持乐器，在云气缥缈、鲜花满天的背景中，他们一身接着一身轻快的飞行，较为传神。飞天面带微笑、脸型消瘦，丹凤眼、微微上翘略含笑意的柳叶眉，头梳双环髻，上身半裸，下着长裙，体态修长纤瘦，有的弹奏着箜篌，有的吹着横笛，肩披蓝色飘带，乘云起舞，气氛欢快。这组飞天形象特征已经是中原"秀骨清像"的樱桃小嘴，完全与中原女子审美相一致，体现出中国式的审美意境。

西魏第249窟正壁佛龛两侧各画出一组双飞天，左侧上一身飞天，身体弯曲成直角，面朝后，正专注地吹奏筚篥。他身体的姿势仿佛从天上掉下。筚篥是一种吹奏乐器，形似竖笛，比竖笛稍短，就是今天北方流行的管子。在敦煌隋唐以后的壁画中出现较多，应是当时北方一榉流行的乐器。下面的一身飞天身体呈"U"字形，大幅度地弯曲，他伸起两手，好像正要拍击腰鼓，他的脸朝着中央的佛像，一腿尽量往前跨，右侧的飞天跟左侧的飞天相对，也是身体弯曲成90° 角，正吹奏横笛，下一身在拍击腰鼓。这四身飞天均裸上身，腿被夸张地画得很长，弯睦的幅度特别大，他们一上一下，有一种强烈的动势，又借助飘带和长裙飞舞而形成的曲线，构成优美的韵律，这几身飞天的服饰以及画法都是西域式的，但在动作上，特别是夸张地拉长了的身体和飘动的长裙，显然是受中原风格的影响。在第249窟南北壁两铺说法图中，也分别在佛的两侧相对画出四身飞天。下部飞天身体强壮，上身半裸，下着长裙，身体弯曲成圆弧形，形成一种强烈的张力。上面的飞天则穿着宽大的长袍，身体清瘦，飘带也画得细腻。上面的飞天更明显地表现出中原风格的所谓“秀骨清像”特征，下部则是西域风格的飞天。这两种截然不同的两种飞天，一强一弱，一粗犷一纤细，又和谐地组合在一起。最有特色的还是第249窟顶部的飞天，描绘的是东王公、西王母及相关的朱雀、玄武、雷公、飞天、飞仙等形象。画面中南披的西王母，飞天、乘鸾仙人围绕在凤辇的前后、飞动着神兽、祥云、仙人、飞花，以此烘托出仙境的场面。此窟的顶部画的这些形象是极富有中国传统思想意味，同时又与来自佛教的艺术相融合，共同描绘在这个奇妙的天国世界中。（图3–32）

图3–32　第249窟

第428窟南壁前部的说法图中，有四身伎乐飞天，他们都裸着上身，着长裙，赤脚露在外面。第一身怀抱琵琶回过头；第二身专注地弹奏箜篌；第三身一边吹奏横笛一边向前跨步；第四身双手拍着腰鼓。画面由于变色，仅在双眼和鼻子、下巴部位保存着白色，身体晕染部分都变成了较粗的黑色线条，配合他们强健的身体和有力的动作，使人感到一种粗犷的效果，愈显得充满了力量感。南壁后面的说法图中，有两身飞天也比较突出，左侧一身吹奏着筚篥，双脚上下拍打着，从天上直飞下来，像个顽皮的孩子，憨态可掬。右侧上身与左侧的飞天相对，也是从上向下飞来，双手弹奏着琵琶，由于变色造成了画面身体变成了较粗黑的线条，在土红底色上明快而富有韵律，飞天身上长裙的线条具有大写意的效果。（图3-33）

图3-33　第428窟

直到隋时期，匠师们使得佛教造型完全转变成了中国样式，这时的飞天，已经摆脱了西域佛画的造型手法，不管是在面相、表情、体态、服饰、动作等方面都形成了中国式审美样式，并且在绘画技法上，也形成了从“曹衣出水”到“吴带当风”演变过来的中国飞天造型绘画的新样式。

隋代是中国文化迈向灿烂辉煌的重要时代，正是由于丝绸之路，从而重视了对敦煌的建设，绘画艺术在隋代占据着重要的位置，所以隋代是敦煌飞天数量最多，种类、姿态最丰富，流行范围最广的朝代，不仅寺院、石窟都画有飞天，帝王宫廷里也都雕刻着飞天。隋代敦煌飞天除了位于窟周围，又出现在龛顶。主要特点包括脸型不一，有清秀型，也有丰润型；身型多样，人体腰肢柔软，比例适度；衣冠服饰多样丰富，有上身半裸者，有穿大袖长袍者，也有不同的表现方法；飞行姿态多样，大多以群体出现，姿态都以大动作的舞姿为主，身体灵动，飘带曲折翻转，使得画面动感较强。但总体而言，隋代壁画已经形成了统一的时代风格。

隋代敦煌莫高窟第 427 窟，是隋代最具代表性的石窟，在四壁上部画出天宫栏墙和飞天，全窟共绘有 100 多身飞天。飞天神态自由活泼，头戴花冠，上身赤裸，腰系绿色长裙，肩披深褐色彩带，体态千姿百态，轻盈飘逸，手持莲花或者各种乐器。427 窟壁画用色大胆，对比强烈，包括深蓝色、深褐色和绿色，整体画面使观者产生很多想象的空间。造型的简练优美，动作的急速，色彩的丰富变化，气势宏伟壮观，极富动感和生气勃勃，就是这个洞窟飞天的动人之处。

第 404 窟的画壁上部，整体画面以蓝色为底色，其他颜色按照由浅到深的变化表现出光的自然效果。北壁上部绘有两身飞天，一身飞天穿着大红的长裙，悠闲地回头吹奏着笙；一身飞天穿黑色长裙，虔诚地向前飞去，手托莲花，非常真实地表现出飞天轻盈地飞行于蓝色天空的情景，给人一种脱壁欲出之感。隋朝时期在四壁、佛龛、说法图、藻井到处都能看到飞天的形象，充分显示了隋朝时期画家对飞天的喜爱。在绘画技法上由于飞天长长的舞带云彩，造成了线描技术的高难度。飞天形象运用线描的手法，与其他形象相结合，相得益彰，创造了很多杰出的作品。（图 3–34）

隋代第 305 窟窟顶南北两壁分别画出了东王公、西王母等形象，这一题材在西魏时期已经出现，但在这里，飞天的形象则大量出现，使得整个窟顶的空间变得更加辽阔、无限、深远。如北披的西王母，上部有一身羽人引导，前面还有两争飞行的比丘，下部是三身飞天，各托鲜花飞去，后面则是四身飞天跟随其后，伴随着天空中的彩云和天花，披着长长的飘带的飞天急速地向前飞去，整个画面呈现出向前舞动的趋势。南披的东王公龙车前后也表现了与北披形象和气氛一致的飞天。在布局上东西两披大体一致，摩尼宝珠都画在中央，两边描绘了四身飞天飞向中心。这样，整个窟顶描绘了在天空中飞舞着几十身神采飞扬的飞天，伴随着彩云飘扬、最终构成了一个飞天的意境世界。（图 3–35）

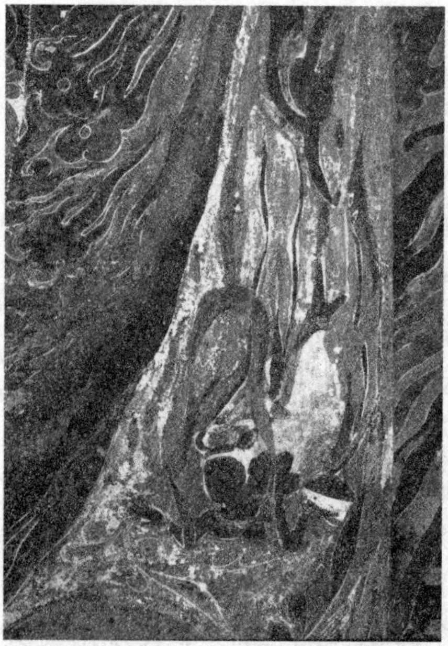

图 3–34　第 404 窟

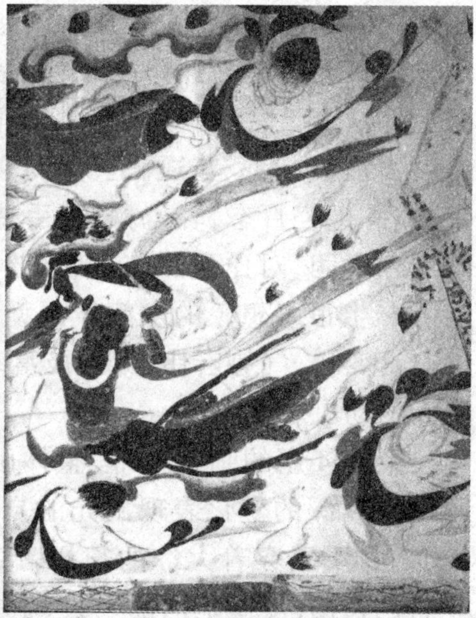

图 3–35　第 305 窟

画在佛龛中的飞天也同样富有气势。第 420 窟正面龛的龛顶，共绘出十五身飞天，与四壁上部天官栏墙内的飞天不同，不是那种整齐排列朝着一个方向飞，而是自由自在，演奏着各自不同的乐器，纷纷从天而降，让你目不暇接。几乎每个飞天都有不同的姿态，绝无雷同，有的柔和，有的强劲，有的迅疾，有的舒缓，各有个性。

第 412 窟本来是一个大型洞窟，现在大部已塌毁，但西壁的佛龛却完整地保留了下来。这个佛龛很大，里面塑出了佛和十大弟子彩塑，龛顶则画出26身飞天，可以说是飞天最多的一个佛龛。这些飞天有的手托莲花，有的持璎珞，有的弹奏乐器，有的在舞蹈散花。最特殊的是飞天中还有不少是身披袈裟的比丘，他们上下翻飞，自由翱翔，在土红底色的烘托下，更有一种热烈欢快的气氛。（图3-36）

图3-36　第412窟

总体上说，此时的飞天艺术在各个方面已经相当成熟，在艺术上处在一个交流、融合、探索、承前启后的重要阶段。隋代的各种飞天造型正在逐渐相互吸收融合，并呈现出大一统的时代风格。

唐代佛教艺术非常的辉煌，同时飞天艺术也进入到了高峰时期。飞天从各个方面都进入到了一个新阶段，不管是在龛顶还是在藻井四周，飞天可以自由的活动，同时又将乐舞相结合。唐代前期，由于国家统一，经济繁荣，人民的生活也相对安定，为了适应这种社会现象，佛教不再强调苦修，而是主张宣扬极乐世界，以极乐引人。这时的飞天大量表现“极乐世界”，飞天进入了一个全新的活动领域—净土变。其规模巨大，气势磅礴。唐代飞天主要特点先对比较丰满，有着变化无穷的灵动、韵律之美。不论是群体还是个体，既充分体现出犹如天真烂漫的少女灵动活泼的特点，又体现了优美多姿的体态，举手投足间体现着质朴的气质。飞天形象，一方面吸收了伊朗萨珊王朝的细密工整、色彩绚丽的手法，使装饰风格日趋浓厚；另一方面吸收了印度多时期的丰满特征，从而形成了体态丰满的唐代美人风格。唐代还出现了双飞天，他们一个在前面飞，一个在后面追，有的环绕宝盖，互相追赶，舞带彩云，漂流于空中，形成极速旋转的圆圈；有的手挥莲蕾，并肩降落，袅袅的舞带在碧空中漫卷；有的一个在前面飞，一个在后面追，舞带彩云随风飘荡，前者回首呼应，挥手散花。唐代的敦煌飞天，是将中国与西域艺术，经过融合创新而形成大一统的时代风格，艺术形象的塑造达到了完美阶段。造型灵动飞扬，体姿飞袅，妩媚飘逸，色彩斑斓华美，艺术风格雍容华贵。可以看出，唐代飞天创造了一个优美而空灵的意境空间，唐代敦煌飞天的艺术成就，代表了中国飞天的最高水平。

初唐敦煌莫高窟第 329、57、321 窟飞天是比较经典的作品。第 329 窟的飞天是具有代表性的佳作，在龛顶两侧，分别画出佛传故事“乘象入胎”和“夜半逾城”。表现的是释迦牟尼诞生前的预兆和为了修行而离家出走的情节。龛顶右侧画面中，画出一菩萨乘象奔驰，前有乘龙仙人引导，前后有二菩萨侍立，又有雷神、风神跟随，前面有四身飞天迎着菩萨，或托花供养，或演奏音乐，载歌载舞，姿态优美，后面还有一身演奏着乐器，天空弥漫着流云和鲜花，有一种热烈而欢快的气氛。龛顶南侧画面中，表现悉达多太子乘马而行，前面也有乘龙仙人引导，后有风神、雷神，前面也有四身飞天欢快地歌舞，后随二身飞天持花供养，伴随着彩云、鲜花，飞天们身体柔和，动态优雅。（图 3–37）

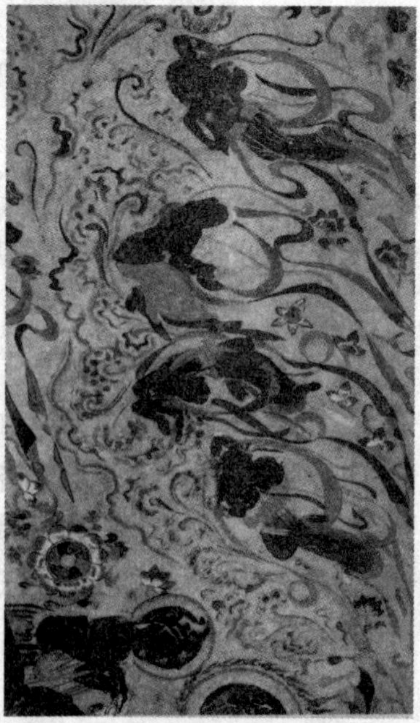

图 3–37　第 329 窟

第 321 窟在佛龛顶部画有天宫栏墙，天宫栏墙中有一群刚从天宫凭栏伎乐群中投身下凡的体态婀娜的天女。她们神情悠闲逍遥、体态伸展自如，衣裙随风飘荡，表现出了天女们轻盈飘逸的飞动之美。有的好奇地看着下面的人间世界，有的朝下散花，正如唐诗中所写“飘飘九霄外，下视望仙宫”。佛龛上部的天空是用深蓝色表示，两组飞天被描绘在靠近佛背光菩提树前。右侧的飞天均一手托着花蕾，一手自然展开，长裙衬托着柔和的身姿，长长的飘带随风飞舞。左侧的飞天与右侧相对，也是身体朝下飞来，一手拈花蕾，一手轻柔地散花。这两组飞天体态自然而柔和，每一条飘带，每一个动作部显得那么完美，与周围的宗教气氛相和谐。敦煌莫高窟第 57 窟，飞天两臂伸展像展翅飞翔的大雁迅速飞下翱翔在天空中，左手拈花、右手伸开，描绘的流云弧线显示出它的飞行轨迹，整幅作品形成强烈的动感。（图 3–38）

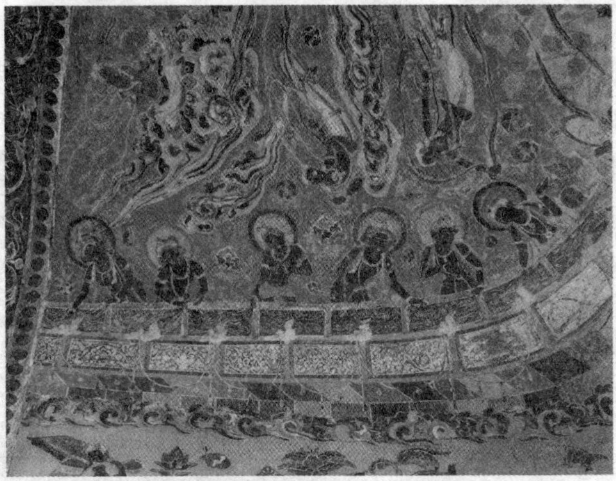

图 3–38　第 321 窟

盛唐是敦煌飞天艺术发展的辉煌时期，此时的飞天造型已完全进入成熟阶段。飞天无论是面部和形体都变得更加丰满多姿。从容貌上看，飞天已经摆脱了西域、印度的影响，已经完全中原化；从动态来看，盛唐飞天挥舞长巾、腾空而起、穿梭于楼阁之中，而长长的舞带和彩云缭绕在楼阁中，蜿蜒起伏，势如游龙。飞天们奔腾自如，气氛热烈。这一时期，敦煌的画师勇于创新，在飞天的造型上已突破前人，充分表现出盛唐壁画创作的感染力和装饰性。

第172窟西壁佛龛顶部，在华盖两侧各画出两身飞天。飞天头梳高髻，面部形象充分体现出盛唐丰润的美感，身着唐代乐舞服装。华盖右侧的飞天，一身身体舒展，头枕着双手，悠然自得向上飞舞；另一身头朝下飘然而下，双手捧着花蕾，这两身飞天朝着两个方向飞行，彩云也随着他们向着不同的方向翻卷，形成一个充满动势的结构。在两侧彩云的簇拥下，顺云势而升，给人以腾空飞升的轻盈动感。窟顶藻井中心描绘莲花，外沿画有团花纹、几何纹、卷草纹等复杂的图案，层层递出比较独特。在四个岔角中分别画出四身飞天，飞天身体修长而柔和，长长的飘带、简单的彩云，充分衬托出他们轻松的动态身姿。正是这些飞天使得空间变得非常辽阔了。另外，色彩沉稳华丽，富丽堂皇姿态洒脱，轻捷舒展，极富装饰意味。本窟北壁的经变画中描绘的几身飞天也在空中飞行。两身飞天手托莲花，一条腿轻提，仿佛刚从地面腾空而起向上飞升献花给佛陀。中部也有两身飞天，右侧这一身飞天一手向前一手向后高速飞来，左侧这一身飞近楼阁，双手合拢，身体呈半蹲状，好像正要着地的一瞬间。他们是从不同的方向向着中央大殿飞去。令人不禁想起李太白的诗：“素手把芙蓉，虚步蹑太清。霓裳曳广带，飘拂升天行。”表现这些飞天身姿轻盈，自由自在的翱翔天空中。（图3–39）

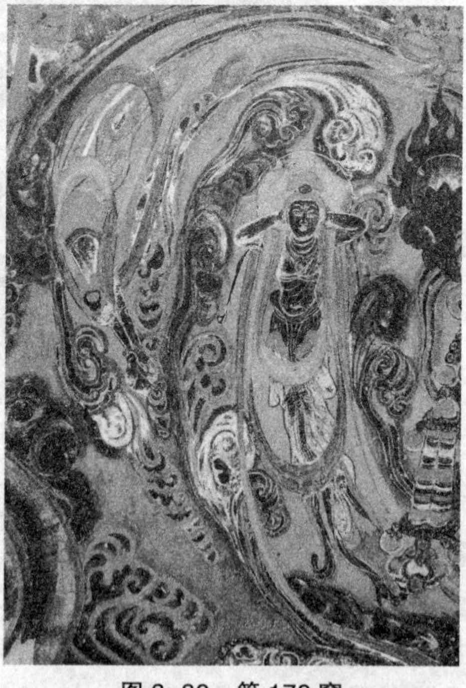

图3–39 第172窟

第320窟南壁绘制了佛说法场面，飞天绘制在最上部，飞天分为两组，以宝盖为中心，左侧这一组，前面的飞天头梳双丫髻，身着贴身锦裙，身姿优美，双手上举，正在散花，头部微微向后正看着后面的飞天；而身后这身飞天，动态明显，双手高举，双腿摆动，好像正努力追赶着前面的飞天。两幅作品形成前强烈对比，富有戏剧性。右侧的两身飞天形式上与左侧一致，两组飞天都是裸着上身，穿着长长的锦裙，双脚藏在长襦中，结掬单纯而完美。画家通过一张一弛的对比统一，表现了飞天的两个典型动态。（图 3-40）

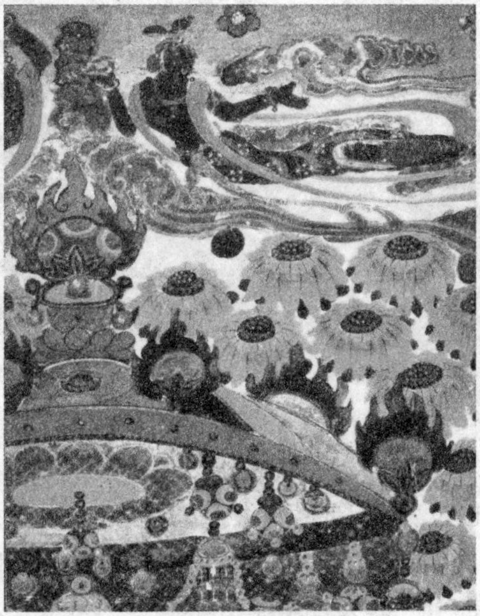

图 3-40　第 320 窟

敦煌莫高窟第 39 窟飞天，也是盛唐飞天中的杰作，第 39 窟是一个中心柱窟，在西壁又开一个佛龛，内塑佛涅槃像。这是一个绘塑结合的涅槃经变。佛经中记载，当佛涅槃之时，诸天从天空散曼陀罗花等各种鲜花供养。于是在壁画中也画出了五个飞天从天而降，这时期飞天脸若银盘，面部圆满，发型是高髻并装饰上金饰，正是与唐代的审美文化相融合，其形象完全与凡人一样。上身半裸添加了项圈作为妆饰，体态修长，裙装刻画精美，采用对比色，搭配上飘带显得更加唯美自如。五身飞天动态各异，有的身体向下倾，有的向着中央飞来，伴随着飞舞的飘带，更是让人增添几分遐想。通过这组飞天可以看出盛唐飞天在形态刻画上线条自由顺畅，技艺更加娴熟，色彩与服装纹样更加大胆丰富，画面呈现出多彩多姿、富丽堂皇的效果，使得飞天艺术形象又迈向了新高度。（图 3-41）

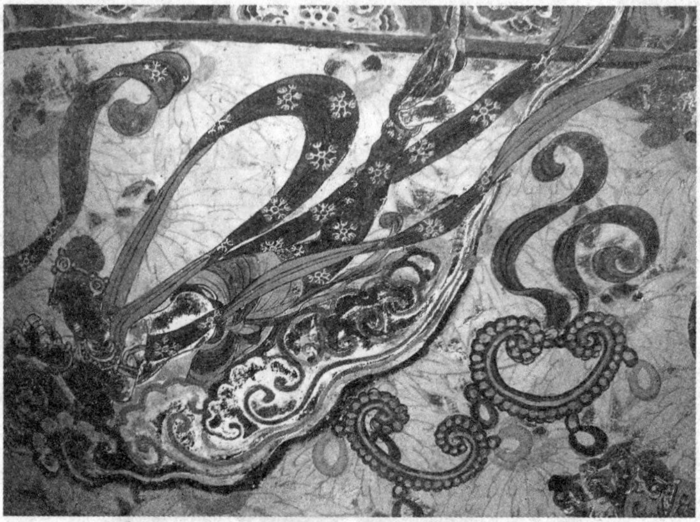

图 3-41　第 39 窟

中唐时期的敦煌飞天，继续沿承盛唐时期造型上崇尚肥胖，以体态雍容丰肥为美的风格。从造型看，飞天动作轻缓，色彩简淡，此时的飞天皮肤白皙，体态肥胖，小腹前挺，但动作却灵巧自如，整体呈现出成熟、雍容、典雅之美。

如第 159 窟南壁西侧的法华经变上部画有飞天，飞速地乘着彩云向中央飞来，靠近宝塔的几身飞天则半跪在云中，双手上举，中央的阿弥陀经变上部有两身飞天；双手上扬正向上飞行。这些飞天形体虽小，却刻画细腻，真实地表现出飞天的不同动势。在第 220 窟甬道南侧龛内也有两身小飞天，因这部分壁画是剥离了表层壁画而露出的，线条和颜色都很新鲜。飞天双手托花上举，上身半裸，穿红色长裙从天而降，比起盛唐的飞天来，衣饰不是那样华丽，也没有烦琐的花纹，但飞天的飘带翻卷而形成的圆圈却增加了，不仅具有装饰性，而且衬托出飞天的速度较慢，益显得雍容和穆。在绘画艺术上，画家更善于用寥寥数笔勾勒出形体，色彩简淡，颇有写意的效果。

第158窟配合大型涅槃佛像，画出了涅槃经变的内容。本窟的涅槃经变突出的表现众弟子及世俗人物因释迦的离去而悲伤的场面。壁画的上部画有不少飞天，他们都神情庄重，飞行缓慢，有的双手托花，跪在云间；有的在空中散花，有的弹奏乐器，整体氛围与经变的气氛相同。特别是西壁的一身飞天，表情忧郁，双手持璎珞，缓缓地飞下来，表现出一种哀悼之情。这些都反映了中国人按中国式的思想来理解和表现涅槃这一主题。而飞天在其中，正是这种精神的表征。（图3-42）

图3-42　第158窟

唐代晚期，由于政治不稳定，中原与敦煌联系日益减少，在艺术方面由于缺少中原文化的影响，产生了相互独立的局面，敦煌壁画逐渐显示出保守、衰落的迹象。晚唐飞天虽然基本沿袭了盛唐的形式，但是对于飞天的整体刻画显得过于单调、缺乏生命力

和动感。这一时期虽然整体趋于衰落,但是将飞天布满窟顶藻井四周成了当时比较流行的一种新模式。(图 3-43)

图 3-43　第 220 窟

第 161 窟是重要的代表,一身坐在莲座上的千手千眼观音菩萨描绘在窟顶藻井中心,他的千百只手形成一轮美丽的光环。两侧飞天形象生动,色彩绚丽。一身两手伸开散花,另一身正吹着横笛,并向上飞升。藻井四边各画出四身分别演奏着笙、排箫、笛、琵琶、腰鼓等乐器的伎乐飞天,他们不仅演奏姿势不同,飞行动作也不尽相同,使得画面更加丰富充满活力。在一系列的飞天中,画家为了使画面更加多变生动,往往在其中穿插一些特别的形象,如画家在描绘面部时,会将其分为正面和侧面。动作也会加入变化,有的朝上,有的朝下,使得形象打破了整齐呆板的局面,使画面更加多姿多彩富于变化。飞天的周围都布满了色彩浓丽的五彩云朵,使她们看上去像仙境之中,别有风韵。(图 3-44)

五代宋初,敦煌飞天造型逐步出现了公式化倾向,他们多戴珠饰,世俗味展现。只有露天的大型飞天,冲出了窄小的洞窟,活跃在悬崖峭壁间。远远望去,她们好像飞翔于林木葱茂的大自然中里，似乎脱离了佛国而进入了人寰。

图 3–44　第 161 窟

西夏时期，一部分沿袭宋氏，一部分具有西夏的独特风格。飞天创作还是比较有特色的，出现了一些新的飞天，她们多脸型条长而颐尖，直鼻斜眼，头戴花冠，身着红色长裙，世俗性较浓，但舞带短少而身量沉重，漂浮感不强，其中童子飞天则裸体而丰肥，着抹肚，穿红皮靴，别具风格。

随着政权的更替，敦煌的艺术形式也被少数民族地区文化所影响，出现了一些特别的画法，但数量不多。例如第 97 窟佛龛中，两身秃发两侧有小发辫的童子飞天描绘在蔷提宝盏两侧，前额垂下两道红带子，脚穿红靴，身穿一种兽皮制的背带褑衫，从服饰上明显能看出吸收了回鹘民族的一些特征。两身飞天一手托着盘中的花朵，一手扬起散花，形象略显出儿童的稚气，飘带翻飞，彩云簇拥，所有的元素都映衬童子飞天丰腴的肌肤，使画面产生独特的情趣。（图 3–45）

图 3-45　第 97 窟

元代流行密教，藏密无飞天，唐密飞天很少，但有一类飞天，作女童形象，别具一格，头饰二童髻，披巾长裙，眼视前方，托一片黄云，手持长茎莲花，情态含蓄。虽然比起以往的飞天缺少飘逸感，但却具有另一种意趣。

元代第 3 窟的飞天就是以童子的形象来表现的。在南北壁共有观音像两身飞天。一身飞天神情虔诚蹲于云上手托鲜花做供养状，一身飞天从云中下视，一手握莲花，一手托花蕾，显示出飞天天真活泼。这也许与宋元以来民间对儿童画的喜爱有关。这四身飞天身体较短，色彩浓丽，显示出了儿童般的天真可爱。（图 3-46）

图 3-46　第 3 窟

总之，敦煌壁画中飞天可以说是无处不在，飞天的存在为敦煌壁画增色添彩。敦煌飞天的造型与印度那种写实性较强的飞天不同，更强调一种理想的形式美，一种流动之美。长长的飘带，辅以流云，形成了一种飞动的韵律。这种形体的流动，又如书法一般，通过线条的流动感而体现一种畅快而生动的气韵。总之，敦煌飞天艺术是中国人物画艺术中的一朵奇葩，经历了千年，展示了不同时代特色和民族风格，它介乎似与不似之间、真实与理想之间，创造了无限动人的形象。

四、植物的造型艺术

敦煌莫高窟壁画植物形象，在形体塑造上注重写实的表现，但还是具有明显的浪漫主义色彩。植物强调对自然物象的主观感受，多用叶子和花瓣构成，如佛像坐的莲花、藻井以及缠枝花纹等，在表现上都运用了写实的方法非常逼真。有些画面为了突出形象的主要特征，突破自然的比例，将其采取必要的夸张与变形，从而形成单纯，典型化，抽象化的效果。例如利用几何化的植物图案，多样表现的二方连续，突出形象特征，进行艺术夸张和表现。这些植物造型艺术充分体现了画师们的高超绘画技艺。（图3-47）

图 3-47　第 403 窟

《莲花飞天藻井》，此幅藻井中心是由十四朵卷云纹和十四个卷瓣莲相互排列组合而成。中心圆内有莲蓬籽，底色上运用的是青、绿、红色，将白色的短弧线排列成波形状互相环绕，构成螺旋状的团花中心，这些造型充分显示了画师们的独特创意。（图 3-48）

图 3-48　第 320 窟

五、山水的造型艺术

敦煌壁画主要是从观赏效果上看，在敦煌石窟壁画中，除了有丰富的飞天、菩萨形象以外，还保存有绚丽多姿的山水场景。敦煌壁画中的大量的山水树石图像并不具备真正的独立意义，大都是作为壁画的配景。但是纵观敦煌壁画中的山水造型，气势恢宏、写实秀丽、大气磅礴，完全不逊色于著名山水画家的作品，展示出了一部公元 4 世纪至 14 世纪系统的中国山水画史。敦煌莫高窟壁画通常运用写实的手法描绘山水，为了体现其真实性、立体感，利用了凹凸法和晕染法进行塑造，从中不仅可以观赏到古代的山水画实例，还可以探寻北朝至元代一千年间石窟壁画中山水画发展演变的过程，敦煌石窟作为佛教信徒修持和礼拜场所而开凿的，因此，壁画都是与佛教相关的内容。早期敦煌壁画中的具象的山石造型大都是作为装饰图案运用到壁画中，山水图像主要是作为装饰和人物活动的背景出现的。纵观历史，可以发现敦煌壁画中表现山水画数量非常之多，并且技艺精湛，遍布时间之久，与其他造型元素相比，无论是在印度还是西域壁画中，虽然也有表现简单的山水风景，但就数量而言，也是不多见的。可见，山水的造型艺术是壁画不可或缺的重要部分。（图 3-49）

图 3-49　第 296 窟

北魏洞窟内壁画表现的内容主要是以佛经为主，山水景致一般都是作为辅助的背景出现的。基本上都是中心塔柱窟，多在四壁下部画金刚力士，金刚力士的脚下就画出一列起伏的山峦，北魏时期山石将汉晋传统风格与西域风格相结合，西魏时期出现了铿锵刚硬的岩石形态即北朝新兴风格。通常用土红、石绿等色以粗线条画出轮廓，或全部平涂，这样的山形一直延续到隋朝。此外，在说法图中，还画出象征着佛所居的灵鹫山，如第 254 窟，壁画的题材内容主要表达的是佛教故事，山水作为背景呈现在画面四周，同时，壁画利用山脉对画面进行分割，整体呈现出特别的效果。在第 254 窟南壁的降魔变、第 263 窟降魔变还可见到表现魔军中有手托山峦的形象，这里表现的山峦与汉画像石中的山峦在样式与技法上相似。北魏时期的敦煌壁画在表现单个山石的时候，其造型是在汉晋时期的三角形造型延续并发展而来的，多出现在第254窟等窟中。这个时期的壁画，山林在画面中的分布还是比较少的，只占画面的四分之一，人物、建筑物，动物占据了画面的四分之三，山头与山头相连或叠压，一面光滑，一面还有两三道波形线。这种山峦在当时由于其外形像驼峰，所以被称为“驼峰式”山峦。在色彩方面，运用了黑、白、红、蓝、绿等颜色进行渲染，整个画面具有一定的装饰色彩。

第257窟，是北魏时期的代表洞窟。西壁画画有著名的《九色鹿本生》故事画，表现“舍己救人”为题材的作品，在壁画上占有突出地位。九色鹿从河里把溺人救出等情节，描绘出山峦和河流。在长卷式画面的下部是长长的一列山峦，这时候的山水构图延续了以往的中原传统的构图形式，画面的左侧因烟熏而模糊，但仍能看出一条河自左上部向右下侧流下，画中的山水，是用土红或蓝绿等色平涂的，无皴擦，有装饰味，河水用线描出波纹，并以青绿色晕染，小山像一个个馒头似的排列着。河中描绘了纵向排列的一些山峦，九色鹿背负溺人从河中度过，利用山峦的走向来表现空间的纵深感，与河流的作用相同。这些山峦还起到了分割画面场景的作用，将用于表现故事发展的一个个情节，这是北朝故事画构图的基本形式。树木的枝干是用土红色画的，树叶用绿色大笔涂染。北魏时期莫高窟壁画，既继承了民族传统，也吸收了外来艺术的优点，并在这一基础上不断发展着。（图3-50）

图3-50　第257窟

北魏末至西魏，

中原的山水画新风也传入了敦煌。第249窟、285窟的壁画就体现出了中原传来的新风格。南壁的五百强盗成佛故事画中，按照“从左向右”的顺序依次展开，排列的山峦使人感到形成了近乎三度空间的深度。西魏第249窟窟顶南披画的是西王母及其侍从，北披画东王公及待从。东王母和西王母是壁画中常用的一种神话题材形象，画面中阿修罗王的身后有一座形状高大独特，上大下小，排列参差不齐的须弥山。足帝释天所居的忉利天宫就位于须弥山上，对于须弥山的记载在佛经中有许多。佛经上说：一个大千世界包括一千个中千世界，一个中千世界包括一千个小千世界，每个世界上都存在着“九山八海”，其中心就是须弥山。须弥山上有忉利天宫，金刚力士就镇守在须弥山四周，壁画中画出了金刚力士，在他们的脚下就是象征着须弥山的山峦了。该时期画工们已经吸收并掌握了很多先进的造型手法以及空间意识，对于山的描绘视角分为两种，一种为平视另一种为鸟瞰。有大海，阿修罗王站在须弥山下的大海里，画面夸张地表达了阿修罗王的神奇，海水没有淹过他的膝盖，使整个山水风景营造出一种神话般的意境，同时也体现了画工绘画喜好营造三维空间的倾向，将洛阳时代的审美情趣融入壁画中。在第249窟，连绵不断的山峦被描绘在覆斗顶四披下部，山水树木在这时期表现得更加自由，这是由于其空间面积比北魏时期的大得多。画面中表现山头更富有装饰性，画师运用同类色的深浅相递变化晕染的手法，来表现山峦的层次。窟顶北披画出一群野猪活动于三座山峰中，与下部的山峰相对，产生了三维的远近空间关系，这种手法也运用到其他画面中。动物与树木随机散落于山间，呈现出虚实掩映的自然美。（图3-51）

第285窟窟顶画出伏羲、女娲等中国传统的神话题材，其中窟顶画法、山水的布局与第249窟有些接近接近，都有飞动的彩云和各种传说中的神怪，窟顶四披的下沿也都画出山峦树木的景象。在这里主要为表现在山中修行的禅僧，将僧人们在草庵里坐禅的形象呈现出来，草庵外是起伏的山峦和树林，山中还有走兽出没。崇山茂林、花草树木都画得很生动,具有浓厚的装饰意味。第285窟南壁的《五百强盗成佛图》,描绘出五百强盗在山林中的活动及听佛说法的情节。故事以长卷式连环画来表现,从左至右描绘了官军与强盗作战,强盗被捕、受刑等情节。随着故事情节的发展,用斜向排列的山峦分隔出一个个空间,表现各个场次,具有连环画的效果。同时斜向的山峦表现出了一定的深度。由前方、后方山石互相配合夹出来的一个"负形",称为虎口形山石造型,所指的虎口即是而产生的。山峦是随机生发、斜向排列,参差错落,表现了前后山石互相穿插掩映的纵深关系。人物也呈斜向排列其间,表现出空间的关系。这里值得注意的是树木大量出现了,摇曳多姿的杨柳,亭亭玉立的竹林,以及很多不知名的树木,山林占据了绝大部分的面积,使山水景物变得丰富多彩了。此外,画家还在山峦和树林的旁边画出山丘环绕的水池,池中绿水荡漾,还有鸭子、鹭鸶等水禽嬉戏其间,别有情趣,反映了强烈的山水画意识。这种在故事中表现山水的做法在西魏、北周及隋的壁画中一直延续下来。(图3–52、图3–53)

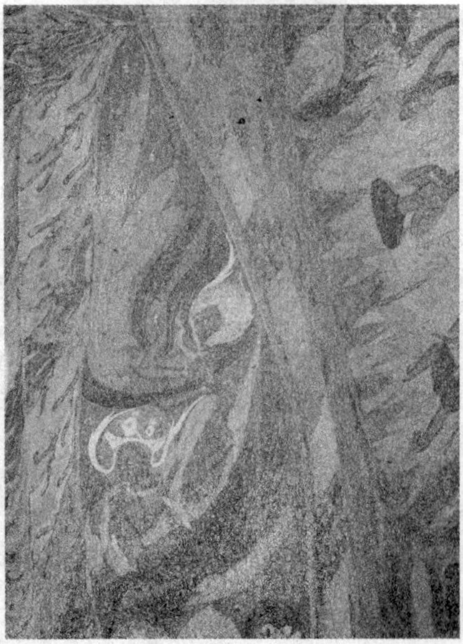

图3–51　第249窟

图3–52　第285窟

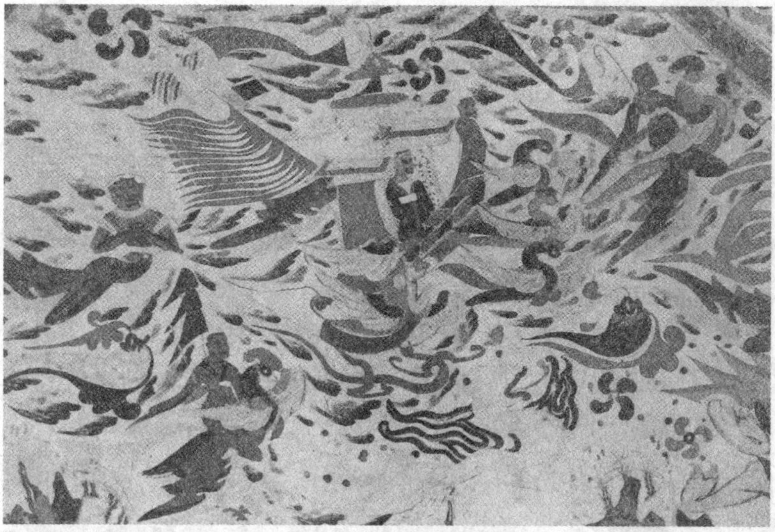

图 3-53　第 249 窟

北周以后，横卷式故事画的运用更加广泛，山水作为故事画的背景也随之发展起来。代表作有第 428 窟的《须达那本生》《萨埵本生》，这两个故事的画面形式都是以三幅独幅横长的画面表现的，根据情节、形象的主次关系把画面布局在平列式的构图中，构成了画面的完整性。两幅壁画将中将山水树木作为整体画面的背景，同时又起到了分割画面的作用，画面是按时间顺序条理清晰地把故事描绘出来。山头处理成连续一个个斜向排列组合成波浪式的起伏，山形有大有小，不受其自然真实和透视法则的局限，山形为简单而程式化结构，既概括又简练，错落起伏的山峦作为背景，树木以不同的样式穿插于山峦之中，如枝繁叶茂的槐树、挺拔的杨树、婆娑摇摆的柳树等，使得整幅画面具有韵律节奏感，充满了生气，山头运用石青、土红平涂并渲染，使得画面整体效果具有一种装饰性。整个画幅的构图与造型，在艺术表现形式上达到了完整谐调的境地。特别是东壁南侧的故事画《萨埵本生》，描绘的是萨埵太子已舍身饲虎的故事，其中一段画面描绘两个哥哥快马加鞭地赶回宫中，告知父王此事的场景，在风中摇曳的树木造型随着骑马奔跑的方向前倾，十分生动逼真。（图 3-54）

图 3-54　第 428 窟

第 299 窟的窟顶北披的《睒子本生》，采用了横卷式的表现手法，既有印度、西域的特征，也可看出吸收了中原的表现方法。描绘了睒子在山中侍奉父母，却不幸被进山打猎的国王误射而死，由于睒子的善行感动了帝释天，终于被天人救活。这幅画主要表现睒子在泉边取水，被国王误射的场景：茂密的树林中，一条小溪流过，睒子在溪边取水，画面左侧国王骑马出宫，侍者持华盖紧随其后。一边是幽静而安详的山林，一边是奔驰而来的人马，这一动一静的对比，烘托出一个富有戏剧性的气氛，完美地表现出这个动人的故事。人物、树木、山峦的比例关系相协调，色彩浓丽的山水画作为故事的舞台背景，显示出了十分重要的作用。

隋代壁画中，故事画大量出现，内容空前得丰富，表现手法也细腻而精致。北魏以来流行的形式是长卷式故事画，各个情节以一幕一幕的方式有序展开，长卷画面中所呈现出来的“时间延续”会在客观上造成一种错觉，时间延续和因果关系必定有联系，但事实却未必包含因果关系。隋代故事画继承北周的传统，依然用山水树木作背景，但山水、树木在画面中所占有的比重越来越大，人物相对来说画得较小。山水景物也大量地描绘出来，隋代壁画中山水树木刻画之精细与繁富却是前代所无法比拟的。后期逐渐出现了写实化树木造型，树木只是单纯的作为宗教背景，在早期壁画中的分隔职已渐渐淡出。隋代后期的敦煌画工们经过刻苦钻研，在表现山石结构线的排列上也创新出了独特的表现手法，画面以方硬直线为主、圆柔曲线为辅，同时加入一些抖动的勾勒笔法，加强了山岩坚毅强劲的质感，给人以真实的视觉观感。如第303窟、419窟、420窟、423窟等的山水树木都是较有代表性的。在敦煌壁画中也可看出隋代的建筑画很发达，建筑物画得很多，同时山峦、树木形成密不透风的效果，反映了中原新画风的影响。第276窟隋末的壁画还出现了对表现岩石的新技法，对唐代绘画的发展产生深远的影响。（图3–55、图3–56、图3–57、图3–58）

图3–55　第303窟

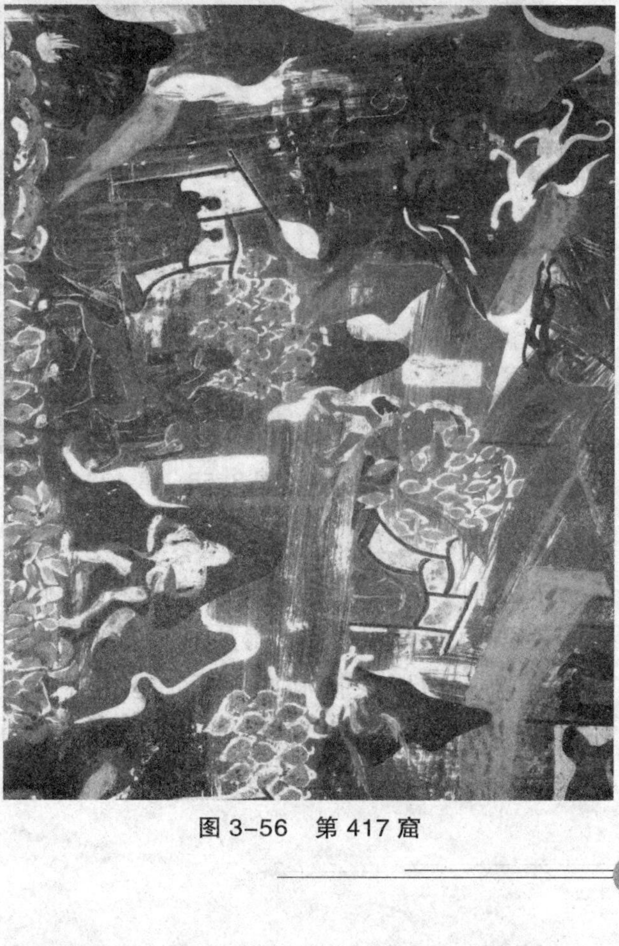

图3–56　第417窟

图 3-57　第 420 窟

图 3-58　第 423 窟

敦煌第 302 窟，在人字披顶上画出了横卷式故事画《萨埵本生》和《福田经变》，作为故事的背景，以赭色的山峦、绿色的树木分布在素面的背景上，显得质朴而简淡。这一时期不像北朝故事画那样把人物形象挤满画面，而是留出了一定的空白，画面上部还有天空中飞翔的小鸟，这些富于想象力的表现，使画面产生了一定的空间感。（图 3-59）

图 3-59　第 302 窟

隋代第 303 窟在四壁及中心柱的下沿运用了横卷式的构图画面，描述了鹿、羊等动物在稀疏山林中觅食奔跑的场景，充分表现了大自然中的天然气息。第 303 窟特别引人注目的是须弥山形中心柱，暗示这个洞窟是一个以须弥山为中心的小世界。驼峰式的山头形态多样各不相同。山峦用色简淡而和谐，将赭红色、黑色、白色，运用由深到浅的着色方法进行描绘，手法类似于后来的“皴法”的特点。画面中的树林呈现出多姿动态，有的枝干弯曲，有的整齐排列，树叶大都具有装饰性。画面中须弥山形的中心柱窟，更多的展示一种宇宙观念，即展示以须弥山为中心的佛教宇宙观。北魏以来，中心位置都是画主要人物的，山水通常都作为画面背景而存在。而在这个洞窟，第一次将佛教内容抛开，描绘出没有佛教内容的纯粹山水画。虽然山峦形象及色彩的表现依然延续了以往的传统手法，但是将山水作为主体去表达，已经标志了山水画渐渐步入正轨。（图 3-60）

图 3-60　第 303 窟

第419窟与第420窟这两窟的画法非常相似，第419窟窟顶壁画内容是须达那太子本生和萨埵太子本生故事画，第420窟在窟顶画出法华经变。画面中表现众多的人物及房屋、山峦、树木，是这一时期的一个特点。在山岳的表现上，比起北周以前那种光秃秃的山头来，隋代壁画中的山峦有大有小，层次丰富，不受其自然真实和透视法则的局限。如第419窟的萨埵本生故事画中，将一层用细密的线条画出的绿植，如草、苔描绘在山峦的上部，就像一顶帽子一样。山峦重叠时，层次就变得非常丰富，山形为简单的程式化结构，简练而渲染式的方法，极赋予装饰趣味。这一手法，一直影响到唐代壁画中的山水表现，如盛唐第217窟的山头上就有类似的表现。整个画面的构图与造型，在艺术表现形式上达到了完整谐调的境地。在颜色的处理上也运用赭石、石绿、石青等多种颜色混合渲染。虽然由于年代久远，很多颜色已经变黑或脱落，但从残留下来的壁画可以想象当时是十分灿烂绚丽的。（图3–61、图3–62）

图3–61　第419窟

图3–62　第217窟

第420窟窟顶西披，表现法华经变中群鸟听法的场面。佛坐在高台上说法，前面有很多鸟伸长脖子在聆听佛法，山丘后画有水池，水池中有很多水鸟面佛静听，佛的身后是长长难下的柳树，环境优美，衬托出佛法的庄严。在同窟窟顶东披还画出观音救难的场面，右侧一条河流由远而近流下，河中有人遇难，河边慈祥的观音菩萨向河里伸手，正在搭救溺水者。曲折的河流上部细下部宽，体现出远近的空间距离。左边是大海中有人遇难的情景，左边画出数人乘小船航行于大海，遇大风浪的危急状况。右边也画出数人乘船航行于大海，一只张着火口的怪兽正朝小船虎视眈眈，表现在大海中遇到各种怪兽的情景。佛经上说若遇到这样的灾难时，只要口念观音便可以消灾免难。画家由此画出人海及波浪。但当时的画家还未掌握描绘大海的技法，画出的大海仍像水池一样，在水池中还画出莲花。左边描绘的海浪，令人想起彩陶纹饰中的波浪纹，那样图案化的处理方法仍是一脉相承的。（图3-63）

图3-63　第420窟

隋代壁画的另一大特色是房屋建筑大量进入了故事画的背景之中。从佛经故事的内容画看，除了在野外山林中的故事外，还有很多情节是发生在宫殿房屋内的。在早期壁画中也有少量的建筑出现，到了隋代，房屋建筑已成为了背景的重要内容，表明壁画表现出写实化的倾向。同时，建筑物在构图中起着重要作用。

在第420窟《法华经变》中，由于房屋的作用，突破了横卷式构图的约束，由建筑物的转折而形成了蛇行线，把画面分成一个个单元，构成一种独特的空间。山水风景中，山峦通常都是圆弧的形状，而建筑则往往足直线和角形，山峦与建筑相结合，直线与弧线，使画面刚柔相补，丰富多彩。建筑物的增多也使画家更注重人物与景物的比例关系。隋代绘画在比例方面比起北朝的故事画来有了很大的进步。在第423窟人字披顶的《须达那本生》故事中，通过连续起伏的山峦，形成波浪状的曲线，组合成一个个单元，在这些圆形的画面中，展开一个个故事情节。从画面整体布局构成来说，山峦的排列组合更加自然、多变，已经打破了以往的那种整齐单一的局面，从而使得山水的表现形式走向一个新的阶段。

隋末第276窟在南北两壁与西壁交接处附近，分别画出崎岖的山峰。这时期的怪石嶙峋、峰峦叠嶂的山石形态样式与前代完全不同，同时还出现了有高度成熟的松树造型，而且还有同样成熟的丛竹造型。在北壁西侧菩萨的旁边，最下部是一个山坡。上部画出坚硬的岩石，顶都岩石向右翘出，显得很险峻。岩石用赭红线条勾勒，在有的部分染出石青和赫红色，表现出岩石的阴阳向背。在岩石上还画出一些树木。岩石与树木、与人的比例还不太协调，但这与传统的山岩画法已完全不同，不再停留在对山峦的概括而笼统的描绘，而是把山岩作为近景来刻画，强调岩石细部的质感。此后，教煌壁画中的山峦表现已开始注重空间关系的表现，在继承中原样式的基础上进一步加强近景与远景的区别，在形态、质感等方面拉开近景岩崖与远景山峦的差别。描绘高山岩石特征时运用写实化的手法，完全取代了先前的象征性的表达，从而进入了一个新阶段。在第276窟南北两壁的说法图中，还可以看出树木的具体刻画，北壁的菩萨身后的松树体现出挺拔直立的特点，西壁的树木表现出梧桐枝繁叶茂的特征，每一张树叶都用线描具体地勾出轮廓；南壁的树类似槐树，树叶采用“介”字点法，在每一棵树粗壮的树干上，都仔细地画出了树的纹理。

唐代是我国封建社会中最为辉煌的时代。唐前期，唐王朝积极开拓西域，敦煌就成为控制西域政治军事的要地。随着各国之间的频繁往来，敦煌壁画吸收了大量的中原艺术风格，很多作品都与中原壁画密切相关。唐代是敦煌壁画山水造型发展史上的鼎盛阶段，山水树石元素的洞窟大约占据了一多半，在当时如吴道子等画家曾经在寺院壁画中画出了独立的山水画，如第217窟、103窟、148窟等窟的壁画中的山水画已具有相对独立的意义了。

唐代前期的山水树石造型在隋代后期的基础上继续沿着写实化的发展路线稳步前进，并且在画幅尺寸、场面规模、背景元素上皆有了进一步的发展。画工非常关注树木的微妙差异的细节，在继承前代基础上进一步发挥了“图真”的审美理念。唐代的山石造型强调描绘山石的体积、质感方面，逐渐成了画面构成的主导性力量，在某些场景中还能见到佛教艺术所独有的圣山，不同圣山亦具不同外貌形态。唐代后期几乎这个时代的每个洞窟都画有山水景物，能够表现山水的地方，画家都尽量画出相应的山水。这一时期山水空间秩序构建的条理性比前期更好，但是从整体上来说造型的壮阔、宏伟已不如前期。一些经变如观无量寿经变、法华经变、金刚经变、楞伽经变等已经形成了与佛经内容相适山水模式。大型经变故事画的形制包括竖条幅形制、屏风形制、大型经变四角式形制、小方格形制等，不同形制会影响不同的叙事结构，同时又决定着山水空间的构建。

初唐第209窟南壁西侧、西壁和北壁西侧的故事画，仍然是延续了早期山水画的特点，但这时期已经开始关注山水景物的空间层次感。构图都采用纵向布局的形式，山水景物背景占据着很大的面积，其中近处描绘的大河前横。南壁西侧将近四分之一的画面占据着一重山；左边主要描绘了在三重山中穿插着曲折排列的树木；两组说法图置于远近山林中，画面意境深远。树的造型主要用轮廓线画出，画家为了突出人物，其树木没有按照正常的近大远小的比例绘制，正好相反，主要起到装饰作用。这种山和树的装饰造型，运用赭红色线条勾出轮廓，仍然是继承了早期山水画的特点，但这时也已经关注了山水景物的空间层次感。色彩上采用大面积绿色渲染，赭色穿插其间，烘染出草木朦胧的效果，大大改变了早期那种青绿相间叠染的方法，以此来突出画面的层次感，使山水意境更加完整。（图 3–64）

图 3–64　第 209 窟

第 323 窟南北壁中，壁画描绘的是佛教史迹画，整个画面构图运用山水统摄全图，山水画成了壁画构图中首先考虑的问题，打破了以往的按照故事发展的顺序进行构图，将每个故事情节融入山水画分隔的空间里。南壁故事画中，运用两组山脉把壁面分成三段。左右两侧山脉分别呈“之”“C”形状，并通过山峰联系起来，这样，横长的画面中的两组山脉构成了稳定的结构，使山水联成一气，主宰着全壁，绵延壮阔。整幅作品用线描勾勒，并且运用色彩晕染使其融为一体，整幅作品根本看不出线描的痕迹，都误以为是水墨山水。整个画面由近景到远景，层次丰富空间感辽阔。第 323 窟还出现了有几处独特的表现云的场面。在早期云就已经出现很多次，描绘的并不是自然界中的云，而是作为佛、菩萨、天人等的乘骑，画面表达的是佛、菩萨、天人等乘云来去的场面，带有非常强烈的幻想性。最早注意到并描绘出这些自然奇观是唐代画家们，成了绘画史上重要的资料。

第148窟，是盛唐后期的规模较大的洞窟，山水画在本窟的巨型经变画中也体现出瞻前绝后的水平，实在是不可多得的山水画作。洞窟西壁、北壁描绘的涅槃经变和天请问经变中，表现出山水的壮阔气势，故事情节与山水的空间表现完美地结合起来，构成了佛教壁画中的佳作。涅槃经变共分成十组面面，66个情节，按照南壁、西壁、北壁的顺序表现内容，人物众多，山水也极其壮观。壁画中主要场面安排在宽达16米左右的西壁上，画面中描绘了原野、山崖、城楼等景物，高潮处是由这一组建筑引发的，景物的远近空间关系表现得十分真切，从而构成了一组完整的具有盛唐风格的风景画。经变画的高潮绘制在北壁的"分舍利"场面，画面中众多人物拥围在堆放舍利的台前。背景表现的是在辽阔的原野后面，山势雄奇耸立，一片白云把半山腰遮住，可见唐代壁画表现故事，注重画面视觉效果，充分调动山水画的技法，脱离了以往的单纯分解故事的手法，最终达到画面雄奇壮阔的最美意境。（图3-65）

图3-65　第148窟

第217窟南壁西侧的壁画，山水图景是根据《法华经·化城喻品》来绘制的。画面主要表现四组山峦，是按照上部从右至左，再从左至右的顺序描绘的。第103窟的《化城喻品》，更像一幅独立的山水画，画面已开始运用皴擦笔来刻画岩石的质感，勾勒的线条也追求挺拔、劲健的效果。在第103窟、217窟的山水画中，画家们充分调动了山水的各个要素，山峰、河流、瀑布、树木、藤蔓等都各得其宜，表现得十分协调。山峰有耸立的危崖，有平缓的小丘，有近景的岩石，有远景的峰峦。山峰刻画颇细，注重以线描勾勒；以石绿和浅赭相间晕染，注重明亮色彩，画面绚丽灿。峰峦上的树形在描绘时保留了装饰性的外形，又加入了枝叶细部的刻画。河流也各有曲折，远景河流细细如线，近景中波浪翻滚，还有山崖上喷出的瀑布、泉水，体现出透明之感。画面中最传神之处就是飞流而下的瀑布，可谓点睛之笔，虽已变色，但仍能使人体会到当时的生机勃勃。树木更是种类繁多，开花者如桃如李，近景中柳树婆娑，松树挺立；悬崖上不计其数的垂蔓，草丛茂盛。从野外到城里，人物来来往往。画家是从美的角度来进行创作，有意识地创造山水意境，构成了一幅完美的山水人物图。莫高窟第217窟、103窟的山水画，线描细腻，以青绿色为主，这样的山水画也就是画史记载的“青绿山水”。唐代李思训（653—718）、李昭道父子以画青绿山水著称。《唐朝名画录》格赞李思训“山水绝妙”“国朝山水第一”。从这些记载中，我们看到李思训一派山水画的特点在于，注重明亮

图3-66　第217窟

色彩并以线描勾勒，青绿山水的一般特点也就是如此。李恩训之所以能赢得那样高的声誉，主要是山水画在唐代是很受欢迎的。敦煌壁画唐代的山水画与青绿山水的画法是相似的。可见，从敦煌壁画中我们也可以探索唐代青绿画的发展状况。（图 3-66、图 3-67、图 3-68、图 3-69）

图 3-67　第 103 窟

图 3-68　第 103 窟

图 3-69　第 159 窟

第172窟观无量寿经变中的山水画与别的山水画不同，是较具有代表性的。两侧画出山水景物，却不是画成高山的样式，而是画出一望的原野，其中有河流曲折地流下，画面上部留出部分空白。在像净土世界的建筑物后面，表现出了真实的透视，体现画山水的熟练程度。在净土世界的两侧还以条幅的形式画出了主要内容，在两个条幅的上部往往画出山水场景有相对的独立性，壁画中则通过描绘自然的山水景物来表现。在第172窟东壁窟门北侧文殊变上部，画有完整的山水风光。左侧是一组突兀高耸的山崖，接近江面的山峰壁立千仞，令人想起三峡的雄奇。右侧画出一条河流蜿蜒环绕，中部是由平缓的山丘、河流组合而成广袤的平原，最终是与右侧河流交汇在一起，形成壮阔的水面。上部画出淡蓝色的远山及彩云。青绿色画出远景中的原野，与近景中赭红色的山崖形成强烈的对比，鲜明而又有光感，华丽而不流俗，充分显示出唐代山水画的高度成就。无论是对光的明暗及色彩的表现，还是对透视关系处理，都显示出了这种山水画的超高的水平。在本窟南壁也有成功的表现，也都是表现出完整的山水场景。故事情节由远及近，右上角可见一条蜿蜒的河流从遥远的天际流到右侧山后，画面中部两组山峦，左侧这一组山峦与远景相接，山左侧也有一条小河弯曲流过；右组山峦挺拔巍峨。画家没有完全按照佛经，而是根据画面美观的需要画出一幅青山绿水画。画面以青绿色为主调，配以赭石、浅黄，具有清秀、爽朗的风格。（图3–70）

图3–70　第172窟

综上所述，敦煌壁画以其自身的地理位置，文化特色造就了独特精美的造型艺术语言，画师们在敦煌壁画的创作中以其丰富的想象力，创作出了栩栩如生、美妙独特的形象，发挥了卓越的才能营造了许多引人入胜的艺术境界。画师们充分掌握了造型技法，不仅注意到造型语言的诠释，同时还特别注重自古以来不断追求的传神艺术，运用细致入微的刻画造型手法，形成了敦煌壁画的形神兼备的造型艺术风格。（图 3–71）

图 3–71　第 323 窟

第四章 敦煌壁画的色彩结构探究

一、敦煌壁画不同时期的色彩特质

敦煌壁画艺术作为中国壁画艺术的精髓,其中心目的是为了探究艺术的时代精神及创新精神。正是由于壁画艺术存在着不同的形式特征,从而也就形成了多变性的艺术风格的局面。在千百年历史的敦煌壁画中出现了大量的杰作,随着历史变迁在色彩表达方式上也产生了不同的独特性。作为敦煌壁画艺术以其精美的、感性化的色彩结构体系,恰如其分的展现出我国传统色彩的高度感染力和表现力,同时也展示出艺术审美的价值,其色彩风格的演变反映了中国色彩体系的发展过程。

(一)魏晋南北朝时期:统一、拙朴

魏晋早期的敦煌壁画,掺杂了汉魏传统文化配色因素及布色的特点,同时又吸收融入了西域晕染的艺术手法,这时期以黑、红、白、褐作为主色调,同时又以灰青灰绿为辅调,极大程度上地增强了整个画面的稳定性。北魏敦煌壁画所采用的颜色包括石青色、石绿色、黑色、土红色、白色以及紫灰色、褐色等。色调搭配强烈中又不失幽远的情调,仿佛为石窟壁画之中注入了一丝生机与活力。在布色的时候,为了使整个壁画画面的色彩达到均匀协调的感觉,一般先将主要的人物进行晕染,然后再布上绿色、红色、青色等主要的颜色,最后再补充上其他的颜色。绘画的画家们首先用红土粗略地在墙壁上起稿,然后再运用平涂手法进行颜

色的填充，平面化的装饰就比较突出，最后再用黑色的线描一遍，使得平面富有层次感。北魏时期壁画的用色特点包括色彩鲜明、朴实淳朴、色调和谐统一。北周壁画一般都绘在经过处理的白色背景区域加以青绿色，使得画面色彩更加明显，整体类似于中国传统水墨画中的青山绿水，画面更加华丽精致美观。敦煌的早期壁画在造型尚无成熟的时候，在色彩上就已获得了很好的美感效果。例如莫高窟第254窟、第257窟都是当时具有代表性的作品。最具有典型北魏时期壁画特点的洞窟是第257窟，呈现出绚丽色彩效果。颜色总共也仅只有十多种颜色，主要包括土红、白、黑、石绿、石青、紫灰、灰、青莲、浅肉色等。在用色方面，壁画将暖色的含黄味的土红作为底色，利用红攀土取代了赤色的朱砂，与石绿、石青构成了很鲜明的冷暖对比效果，并拉动了画面的跳跃感，整个洞窟色彩既浓烈而又深沉、既明快又单纯，既雄健又爽朗，既生动而又笨拙，从而形成了和谐统一而又朴实温馨、神秘野逸的暖色调气氛。魏晋时期除了部分调和土黄或铅丹使用外，为了加强画面色调明快硬朗，还加入了不少白色。为了调节主色之间不协调的关系，在画面中加入了褐色作为间色调和色，使得画面色彩具有明暗、冷暖的细微差别，变化最为丰富。总之，在魏晋南北朝时期敦煌壁画的色彩呈现出统一、拙朴、开放等特点。（图4-1、图4-2、图4-3）

图4-1　第254窟

图 4-2　第 254 窟

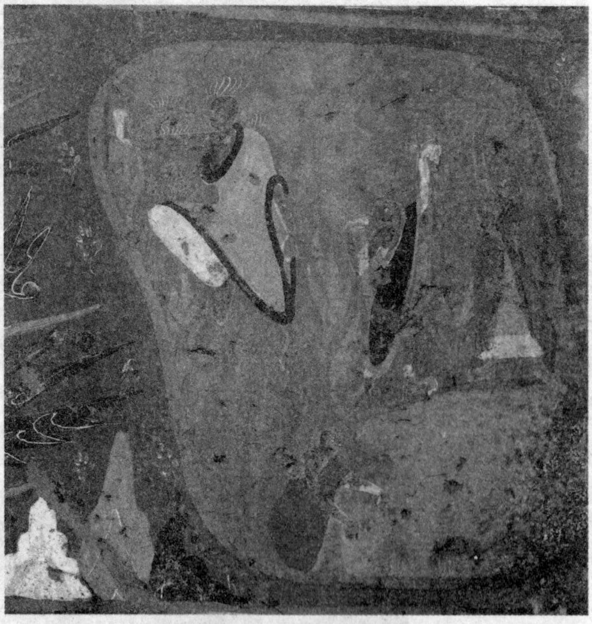

图 4-3　第 257 窟

敦煌莫高窟第428窟北壁的魔女壁画，两位魔女携手对视，面带难色，画中的两位魔女，是释迦牟尼用神通力变化而出的两位又丑又怪的老妪形象。整个画面表现了正在与对方互述衷肠，感慨自己的容貌不再、青春逝去的无奈心情。在颜色方面，利用土红色打底，用纯白色颜色绘制两位魔女的肌肤，黑色和蓝色的飘带装饰搭配在褐色衣服上，为了突出两位魔女怪异的面容形态，用灰色线条加强勾勒，运用夸张的绘画手法表现整个场景，一时间不禁使人浮想联翩，感慨良多。（图4–4）

图4–4　第428窟

（二）隋朝时期：混合、绚丽

从北周到隋代，敦煌壁画的色调出现了新的变化，添加了朱红、金色、藤黄、青靛多种多样的灰色和复色等，增加了颜色的数量以及鲜明度。这时期大部分壁画仍然用土红打底，并且在窟顶的藻井、圆光、平棊、供养人、边饰和龛楣的壁画中开始运用白底，石青石绿运用的比例增大，呈现青紫色调子，与画面主体的土红色调的千佛图形成冷暖、明暗的强烈对比，令格调变得混合、绚丽。在隋代壁画色彩中增加了二、三种颜色调配出来的复合色，使壁画的色彩结构变得更加丰富了，同时还展现出运用黑、白、灰三色组合成新的调色方式。

如莫高窟第390窟。随着佛教东渐，中西文化相互交融对敦煌壁画具有重要的影响，这时候最重要的就是物象造型与配色的转变。颜色的运用是将红黄蓝绿不同的颜色混合而成，构成黑色，并非是真实的黑色，从而形成具有冷暖色彩的墨绿色、紫黑色等深重色，使得色彩的结构更加多元，为画面增添了一定的色彩趋势，形成既和谐又有变化的色调。（图4–5）

图4–5　第390窟

例如莫高窟第420窟，“维摩诘”具有一定的代表性，此风格在当时已盛极一时。在画面当中，包括墨绿、粉绿、灰绿、土红等颜色，形成了鲜明的冷暖对比，这就是在壁画经常会运用到颜色对比结构体系。运用黑白强烈对比展现“文殊菩萨”“维摩诘”人物之间辩论的双方。《维摩诘经变图》是一副独幅画形式的经变图，画面构图形式统一，内容情节相对完整，运用了装饰性的色彩处理方式，与前期的用色方法上有着明显的不同。维摩诘弟子的服饰用绿色来表现，通常表现文殊弟子服装都是用土红色和青莲色来表现。画家注重在色彩纯度明度的掌握，将其色彩水平展现了出来，画面背景色运用土红色，竹林描绘成灰绿色，与土红色相结合，构成了一种微妙的视觉效果。在画面中另一个重要特征就是运用深褐色作为骨架，池塘中的荷叶以及人物的面部皮肤，运用最多的就是深褐色和黑色，最大作用就是衬托绚丽的对比色。（图 4-6）

图 4-6 第 420 窟

（三）唐朝时期：华丽、高雅

唐代时期的敦煌石窟壁画，将中国当时繁荣旺盛的面貌展现了出来，其绘画题材丰富，技法更加细腻，内容真实有趣，形式风格多样，具有相对的完整性，是敦煌石窟壁画发展最为鼎盛辉煌的一个时期。唐代壁画在色彩运用上丰富绚丽、特点鲜明，大胆将青、赤、黄、白、黑五色相糅合，主调颜色从最初的红暖调逐渐转向了青绿冷调，从“五色学”的角度解释是逐渐向“东”（青色）转移，正是由于唐朝经过初唐、盛唐、中唐到晚唐不同阶段的演变，才产生了色调的转变，充分强调了每种单一颜色之间的互补性。

初唐时期，经历了从武德元年到开元元年近百年的时间，这时期是步入盛唐人文发展的准备阶段，政治经济稳定发展，文化艺术随之也得到了巩固和拓展。敦煌壁画大体上仍延续着隋代的设色规律，壁画的形式与内容相比，更偏重形式美，色彩的运用和表现，不再受其限制，产生了绚丽多彩，出画入境，极富艺术感染力、装饰性冲击力的浑然一体的视觉效果，构成了艺术造型与色彩完美结合的艺术特征。不同时期的经济也会随之影响壁画的艺术特征。例如初唐时期的色彩与盛唐风格相近，但整体的艺术效果还是产生了一定的区别。这一时期壁画色彩已由隋朝以土红色为基调与青绿色的强烈对比，转变成了主色调主要是以石青、石绿为主，并加入了粉底、土黄和土红构成的丰富和谐色调，辅色调包括橙红、赭石以及无彩色系的黑、白、灰，并运用多种绘画技法，丰富色彩之间的层次，将颜色之间的关系更加协调。总之，这一时期的莫高窟壁画色彩可以概括为柔和统一的初唐风格。正是由于初唐时期在纯度、色相、画面比重等方面有所改变，并在色彩种类、叠晕并用的设色技法上突破隋代，使初唐壁画展现出雍容富贵、鲜艳明快的风格特点，并向着盛唐时期华丽灿烂的色彩风格迈进。

莫高窟第57窟，大部分继承了隋代壁画色彩特征，暖色调为主，以土红做底，藻井、平棊、边饰等以冷调相间，色彩多为石绿、石青、白色、褐色等。主体画面已改用黄土或以白垩土调和黄土做底，调和画面的对比度，增加色彩的明度，并控制了其他色彩的鲜明度，显得非常柔和。青、绿、黑、白（金）、赤相搭配，正所谓“五采备，谓之绣”，主要是以金黄色和土黄色绘制，辅助以少量的灰褐色、灰蓝色进行搭配，特别是在使用绿色时，点缀少量的绿色并降低了绿色的纯度，菩萨的背光，下身的衣饰，都运用的暖灰色处理。深褐色和几处黑色在画面中起到调和和稳定画面的作用。用白粉色染出人物的面部与飘带等，其运用微弱的色差进行描绘，使得形象和色彩都不突兀，给人以统一整体的感觉。这时候为了点缀画面的细节，金箔作为装饰都贴到了菩萨衣服上的腰带、头饰首饰地方，在含蓄的暖土黄色调中闪现金色的光芒。作品处处彰显雍容富贵之风韵，正向盛唐的富丽灿烂风格转变。（图4-7）

第401窟北壁东侧供养菩萨，其身材修长呈现“S”形造型，有些颜料虽已变色，但仍可以看出当年赋彩的华丽。肩饰、巾带、耳环装饰优雅欲仙，让人如梦如痴。画面色彩组成主要是由土绿、土红、灰蓝和深棕色，飘带用土红、土绿和灰蓝色描绘，具有飘逸的动感。皮肤运用土黄色形成了纯度、补色之间的对比视觉效果。由于时间久远，有些部分已脱落残破，但是仍可以感受其中补色对比的魅力。整幅壁画的结构形式丰富，色彩对比产生了独特的韵味，更加强调了画面的律动美。（图4-8）

图4-7　第57窟

图4-8　第401窟

敦煌第220窟壁画，尤其是东壁北侧及南侧的《维摩诘经变图》，是这一时期最为优秀的作品其中之一。窟门的北侧画面文殊，画面中文殊师菩萨受佛嘱托，率众前来问疾，神态自如的从容就座，举止庄重，天女在画面的前方，为画面增添了生动、和谐、活泼的宗教世界的气氛。线条流畅灵活，运用了大部分的红色将下部帝王的主要地位突显了出来。人物以较大面积的粉绿色为主色调，面部多涂了一层朱红色，使得人物看起来更具威严鲜亮的色彩感觉。画面底色为茶色，对壁画的色调和情感起协调的作用，将深褐色与乳白色进行深浅对比，和谐统一起来。在画面中还大量使用石青石绿色，穿插着面积大小不一的土黄与之对比，加上背景浅土黄色的衬托，配以白、黑、灰蓝加以点缀，起到显示明度较高的清爽效果，将其色彩对比归纳为黄褐色和淡绿色冷暖对比、乳白色和深褐色深浅的对比、石绿色和土红色的补色对比，这种配色使得画面人物色彩协调、具有丰富多彩的关系。画面内在的色彩结构关系和外在的色彩结构关系相关联构成了壁画的整体性构成，形成了秩序化的美的关系。整幅画面展现了当时画师们按照自己的审美理想对客观自然进行升华的绘画方式，既有人文气息又具高雅的色彩效果，并体现了绘画艺术高水平阶段。（图4–9）

图 4–9　第 220 窟

盛唐、中唐时期，是壁画形式发展成熟时期。人物造型体态窈窕、丰腴饱满、写实明快，天衣随风飘动，线条飘逸如行云流水，颇有吴带当风的韵味。壁画上的色彩呈现红与绿、黄与青等对比色的搭配，具有强烈的装饰意味，是敦煌壁画中绿调子使用得最漂亮的时期。除了黑、白之外，更多的是土红、石青、石绿、赭石等颜色。盛唐时期的壁画更是其中最富绚丽的时期，色彩鲜明生动，绘画技法较前代更为多样化，呈一派纷繁祥和之态，具有独特的民族性和装饰性。色彩的表现主要是以多层次叠晕法，色阶分明，立体感强，因而色彩显得格外丰富、厚重，画面细腻顺滑、营造出独具时代特色的自然画风。

而中唐时期，也就是“吐蕃时期”，色彩不再像盛唐时期那么丰富，壁画在继承原有风范的基础之上更加趋于精致柔和、细腻。虽然两个时期同属于唐代强盛时期，但两者艺术风格差异之大。吐蕃时期的色彩规律是重视淡雅风，浓艳色彩运用较少，人物面部略饰晕染，少数人物利用云母来画肌肤素面莹润。这时期壁画的一大特色是人物画的定型都是运用土红色的线条，整体色调运用包括淡雅色调的以白色打底，石青、石绿为主；另一种浑厚而温润的以土红色打底，浓重的深褐、赭石等色为主。画面色彩不再浓厚而变得淡薄，一般都是以淡墨打底，然后再赋彩，以填涂为主，趋于简淡。

盛唐时第 172 窟北壁的《观无量寿经变》，这是盛唐时期经典的一幅经变画，保存非常完整。人物主次安排恰当，一个菩萨或一个佛像作为中心，其他群像有远有近、有聚有散布满周围，向着画面中心的尊像而排列。山水景物做背景，其中亭台楼阁布局合理，建筑结构设计严谨，能较好地融入色彩的表现，其构图章法颇为严密，可谓绘画技法中的精髓。画面整体以土红色、褐色和青绿色为主，红褐、浅黄褐与青绿色冷暖相宜，暗棕色做底衬，整幅画的底调是暖色，红色的主调表现出富丽堂皇中更是透出尊严肃穆的宗教氛围。最主要的暖色是较少的浅赭石，色调转为略微偏黄暖白底与大面积明净冷色的石青、石绿构成对比，使各个色相之间的对比更加鲜明，色彩显得异常丰富而和谐。线条的勾勒充满节奏，携洒脱飘逸之气，色彩的冷、暖、强、弱的大量使用使画面具有了丰富的色彩效果，充分展现出了盛唐时壁画人物众多、颜色丰富、装饰烦琐的特点。（图 4-10）

如莫高窟第 148 窟“西方净土变”中，底色红土底已被白土底、黄土底所取代。绿色绘制了树木、水纹、荷叶、房瓦等，不同纯度、冷暖色块对比加强画面的明快程度，使画面变得既丰富又协调，细节变化更微妙，冷中有暖，暖中有冷，犹如交响乐般宏伟淳

厚。(图 4-11)

图 4-10 第 172 窟

图 4-11　第 148 窟

如第 444 窟南壁中央的说法图，图中阿弥陀佛趺坐于须弥座上，观音菩萨、大势至菩萨分别立于左右侧莲台上，象征悲、智二门。佛座前上有宝盖、花树，下有莲池，各部分的色彩都与整体色彩相呼应，各种各样的复色和灰色的运用，将颜色的鲜明度增加了，充分体现出唐代繁盛时期壁画色彩典型的高雅雍容、富丽堂皇的格调。(图 4-12)

图 4-12　第 444 窟

第 328 窟西壁龛顶说法图，善迦坐弥勒佛说法相在画面中央，左右两边众菩萨听佛说法，弥勒左胁菩萨，以及弟子、供养菩萨、听法菩萨等，彩云围绕周围。虽然由于年代久远有的颜料已变色，但是还能清楚地看出色彩的鲜艳程度，充分体现了唐代中期壁画色彩的华丽灿烂。壁画中的色彩主要是以浓艳的、大面积的红色与绿色补色对比关系，加入少量的灰色和棕褐色，起到了协调过渡的作用。暖白色作为装饰色彩时常出现在画面中，在较浓郁的补色对比中，棕色和暖白色缓解了红与绿的强烈的对比视觉观感，反映出了唐代中期壁画色彩的典型风貌。（图 4-13）

图 4-13　第 328 窟

唐代中期壁画中的形象已经有别于真实存在的实物，通过夸张、变形、变色、幻象等艺术手法，创造出令人惊讶奇特的艺术形象。第 33 窟西壁龛内南侧菩萨壁画与上面壁画相比，造型上为了突显菩萨的妩媚生动，准确运用了有力的线描造型。在色彩的运用上截然不同，显得非常轻松。南侧壁画弥勒经变一铺，龛内背光两侧胁侍菩萨，比例协调，面部丰腴，服饰线条流畅，下存供养人六身。色彩主要以鲜艳的粉绿为主调，并加入蓝绿作为辅色，整体在深色肌肤的衬托下，显得轮廓愈加清晰，色彩格调高雅，产生了色彩之间的呼应效果，极具现代气息。第 23 窟与 33 窟风格基本接近，壁画位于西壁龛内南侧，菩萨服饰色彩也是突出了粉绿色作为画面主调，配以蓝绿色作为辅色，利用土红和土黄的结

合使用，降低了纯度，突出表现了画面中的主色调，使观赏者感受到了色彩独特的表现魅力。（图 4-14、图 4-15）

图 4-14　第 33 窟

图 4-15　第 23 窟

在唐代中期的壁画中，可以充分体会到中国古典艺术的审美创造中,那种历来强调审美主体对审美客体的审美特点。第320窟也反映了当时古代艺术对于审美主体、客体的创作具有时代艺术的特征。西壁南侧是左手提净瓶、右手持柳枝,身穿透体纱裙的观世音菩萨,更显妩媚和风韵。色彩主色调以粉绿为主,并且搭配蓝绿色、橘黄色形成冷暖对比。在西壁龛内北侧,由于年代久远,某些色彩已经脱落,与南侧相比颜色没有那么艳丽,每种颜色纯度减弱了一些,但依稀还能看出当年时的富有韵律的色彩关系。第97窟西壁龛内北侧菩萨以红棕色、深褐色与兰绿、粉绿、深蓝等色彩对比组合,与320窟中的色彩略有不同,即是纯度对比的典范,有较强的视觉美感。第166窟西壁龛顶说法图,也属于色相对比与纯度对比同时发生色彩关系,形成强烈的色彩感染力。(图4-16)

图4-16　第320窟

敦煌壁画的晚期由于当时的时局动荡,朝代变迁,艺术革新,民族文化的交流,使得敦煌壁画有了中原文化特点的绘画特征。晚唐时期的敦煌壁画在绿调中增加了"青"味,以简淡青绿色调为主的中唐时期风格被晚唐所沿袭,色调虽然不及盛唐时期厚重,但仍不失高雅俊逸之气韵。作为同样是青绿山水题材,完全已经失去了唐前期那种山势雄浑、色彩绚丽丰富的意境。在颜色上面,色彩技法使用不明显,刻画线以及轮廓线已经清淡了许多，层次变化不丰富很淡薄，只是眉眼用很浓的墨细细描绘一层，衣服晕染的石绿色以及赭石色也失去了之前的洒脱，显得格外拘谨、谨慎。在这一时期，壁画虽然延续着前期的绘画风格，但更加注重其内容，降低了颜色在壁画中的地位，画面效果完全失去了富丽堂皇的效果。（图 4–17）

图 4–17　第 161 窟

晚唐时期杰出两幅供养人画像之作是《张议潮夫人出行图》和《张议潮统军出行图》，出现于敦煌莫高窟第 156 窟中，其面积之大，一直从洞窟的南北两壁下部延展到东壁下部。面对壁画的，不管从构图形式、人物造型、色调结构以及内容上等各个方面，都延续了前期的表现手法，但是某些方面又突破了程式化的绘画手段。这种长卷式的历史画，虽然整体画面意境不是很充足，大都表现的题材为现实生活，但是人物众多，内容非常丰富，场面宏大，经变结构也明显突出，也是前所未有的经典之作。《张议潮出行图》位于第 156 窟南壁和东壁南侧下部中，画面构图布局疏密相间、人物众多、场面宏大，节奏鲜明，色彩丰富华丽，将构图与色彩的搭配调和得自然壮美。画面中以暖黄色作为底色，朱红、土红、橘红、深褐、赭石、土黄等作为暖色系辅色，其中穿插着冷粉绿色、灰色等冷色系，以此来表达其西北大地的地面质地，有效调节画面中的冷暖色度，众多人物和车马以暖红色来表现，不同的红绿冷暖色对比互补，经过画师们的巧妙安排，增添了壁画色彩的多样性，彰显了唐朝时期壁画艺术的色彩魅力所在。画面中人物出场时是以暖粉色作为标志的，突出了壁画的审美意味。在描绘技法上，运用黑线、色线勾线描绘和色块平涂两种手法表现人物与车马仪仗等，以表达出画面的特色。（图 4-18）

图 4-18　第 156 窟

从唐代敦煌壁画可以看出，当时对于颜色的制作以及运用已经形成了一整套相对成熟完整的体系。例如色彩在选择上更加的自由，并利用冷暖色彩构成进行互补、分割、交换，变化、从而产生平衡的画面效果。在运用这套色彩体系时，不像西方是以客观物象为依据，选择色系。而是通过对于意象、象征的色彩表达产生装饰性的效果。其色彩经历了兴盛的盛唐时期的绚丽多彩，一直又回归到了晚唐时期的平淡朴实。从唐代整体色彩发展来看，虽然各时期的风格相对接近，但是每个时期都能显示出由于不同的经济状况，显示出了形态各异的艺术特征。

（四）五代时期：淳朴、松散

五代时期，在题材、内容、技法和形式上虽然不如早期的生机勃勃，中期的富丽堂皇、绚丽多彩，但仍然是有所发展的。此时期壁画继承了晚唐时期的色彩运用，主要色彩是以红色占多数，以红绿对比作为暖色调，注重青绿色的使用，但是整体色调比较陈旧呆滞，缺乏创新。另外，在色彩分割布局上缺乏变化，使得整个画面产生了松散、不够统一的效果。倒是个别石窟壁画主调有时是以绿、黑、白、金或红、黑、白、金为主，其产生绿底中又有小块红色作点缀，红底中有小块绿色作点缀。在色彩搭配上显得既和谐又生动，突显了民族特色，但与前代相比，仍失之气魄。（图 4–19）

图 4–19 第 76 窟

（五）宋元时期：平淡、温和

宋代的敦煌壁画中色彩的运用逐渐走向了温和、平淡，这时期受中原文人画家和宋代宫廷画院风格影响，加强了墨色的运用，限制了鲜亮的色彩。在用色上以打破了以往的重色轻墨的观念，以墨为主，色为辅的理念影响了宋元时期的壁画风格，如宋代 61 窟的壁画。

元代，敦煌壁画数量很少，由于敦煌开窟不多，并且文人水墨占据重要位置，以往注重色彩的绘画受到排斥。尽管如此，在敦煌莫高窟第3窟中出现了精美的壁画。用黄土作为底色，运用线描淡彩描绘。画面整体清新淡雅、沉稳和谐。另外，此时也出现了极少数“密宗”石窟，第465窟的天顶壁画比较具有代表性，色彩浓郁对比强烈，运用传统的工笔重彩技法，成为元代壁画极品之作。这一时期总的来看已经完全脱离前代的绘画特色，以往浓重的色彩完全被“笔墨”和“渲染”所代替。（图4-20、图4-21）

图4-20 第3窟

图4-21 第465窟

二、敦煌壁画的色彩结构运用

色彩结构与绘画风格紧密相连，并在绘画作品中占据着十分重要的地位。敦煌石窟壁画作为绘画史的代表，其色彩结构层次等方面都十分的丰富多样。绘画中的任何颜色使用都是根据色彩规律所形成的色彩效果，不同地区、民族都有各自的传统文化，最终形成的艺术风格也不尽相同。加之时代的进步、绘画材质的革新、绘画风格的演变等，使得敦煌壁画色彩结构更加鲜明，画面效果更富细腻感。

（一）黑色、白色、灰色的运用

在敦煌壁画中颜色的运用最常用的就是黑白灰色的调和作用，通过对敦煌石窟壁画的大量色彩调查发现，勾线晕染所形成的黑白灰色效果在敦煌早期和隋唐时期壁画中经常拿来使用。由于笔触的宽厚拙扑，并以黑、白、灰叠染来表现人体的立体感，为了壁画的整体色彩丰富统一和谐，并且具有独特的色彩个性，黑、白、灰三色关系在壁画中占据重要的调和位置，它不仅丰富了画面色彩效果，而且同时给人留下了强烈的印象。由于当时材料来源有限，制作技术也不那么精湛，画师们就利用仅有的颜色进行组合搭配，使得敦煌早期壁画呈现出简练、疏朗、纯朴、浑厚的艺术效果。第 3 窟中的壁画“普贤”变，画面中将白色作为底色，运用简单的黑线描绘画面内容，背景运用水墨山水的画法，画面中的线面组合构成了灰调子。这时期很多壁画中加入了对创作的说明文字，会在鲜艳的色彩中，加入重色的标有说明文字的方块。敦煌莫高窟北周的 428 窟中的壁画，是利用黑白灰关系的代表作，虽然只是三色的对比关系，但是在土红色底子上这种中等明度的颜色搭配上高明度的浅灰和白色，在局部添加低明度的黑色，整体配置呈现中长调效果；如果用土红色配以无彩色，最终形成了中强调；简单的色彩层次变化，但是使得画面具有一种活泼、粗犷的画面效果。北魏的254窟在色彩配置上与3窟很相似。整幅画面运用了大面积的不同层次色度的灰色，并穿插进入不同色度的白色和蓝色。黑白灰在敦煌壁画中使用频繁，是因为壁画表现宗教圣兽偏多，这种色系的运用使得画面中白色的神兽、黑色的人物具有超强的神秘感，加强了整体环境的佛教效果，使得信徒更加的虔诚迷恋。（图4-22、图4-23）

图4-22　第428窟

图4-23　第254窟

北魏壁画仍保留着印度传来的“凹凸画法”的遗意，先以银朱加胡粉调成水红色涂满全身，再以较重的胡粉在颜面、四肢边缘画出宽线轮廓，最后用白粉画出鼻梁，眼眶，习称“小字脸”。多用土红、石青、石绿、黑、白等几种颜色，给人以朴实、简洁、沉着的感觉。所用矿物质色彩中，青绿朱黄永不变色，银朱与白粉中的硫化汞和硫酸铅粉经氧化变黑，由于这颜色的变化更使人感到北魏壁画有一种粗放旷达的味道。（图 4-24）

图 4-24　第 428 窟

（二）对比色及底色的运用

对比色的大胆使用是敦煌壁画中表现最为突出的特点，及大地增强了画面的装饰感。对比色在色彩结构中占据着重要位置，色彩结构与对比色之间的关系是相互制约的，如果运用恰当，能很好地展示出色彩的丰富感。色彩对比的含义有多种性质，敦煌壁画中所运用的色彩对比非常的丰富，包括补色对比、色相对比、明度对比、纯度对比、冷暖对比、底色的运用等。正是由于壁画色彩对比变化多样，从而才能产生复杂多变的色彩关系，最终形式多样的画面效果。

1. 补色对比

补色对比是对边的两种颜色从一边向另一边过度的动向，是颜色对比最为强烈的一种方式，色彩总体和局部补色对比的运用能够使得画面的色彩更加丰富、活泼、生机勃勃。当观赏者欣赏到纯度很高的颜色时，人们会自动产生视觉平衡的心理反应，将其自然光的其他颜色自动补充进来，产生平衡的效果。敦煌壁画中贯穿于整个时期的创作色彩包括红、青、绿三种颜色，早期主导颜色为红色，后来逐渐增加了绿色和青色。在壁画的补色对比关系中，蓝紫和金黄、变色后的白色与黑色作为局部的补色，整体主要运用绿色和红色或者是橙色和蓝色，最为突出的是土红与石绿的补色对比。这两者的对比运用比较普遍，石绿色在土红色颜色的衬托下，能够加强凸显绿色的色泽，产生明晰和谐的对比色。整体色彩也比较相近，也起到了一定的补充对比的作用。土红和石绿并不是民间口诀中的纯度极高的大红大绿，土红是红中掺杂着黑，二石绿则是绿中带粉，这样将提高了明度关系，将弱了色相的强度，具有调和色素的作用，最终产生了和谐的感觉。补色对比包括两种倾向，过于纯净的补色对比则难以谐调。凡带有一定调和色素和明度差的补色对比是相对和谐的。补色对比为了实现色彩的美感以及丰富感，只有在不同色彩之间配合下才能产生丰富和谐美妙的效果。在壁画创作中，古代画师以多种形式进行创造性的发挥，对于这一规律进行了充分的运用，最终才取得了丰富多样的色彩效果。例如第 254 窟《萨埵那太子本生图》中这幅壁画，画面是利用红色和石绿色作为主色调。由于时间久远，有些颜色成了灰黑色。当时画师们虽然运用了补色对比，但他们都是依靠本能找到的，大多运用的一种颜色中略有变化的近补色，并不像现在画家会自主在画面中加入多样的补色。（图 4–25）

图 4-25　第 254 窟

2. 色相对比

在中国传统绘画中，比较常用的一种方式就是色相对比，它是利用色相之间的差别来营造整体的对比。最为典型的特征就是利用纯正饱和度营造出庄重稳定的视觉效果。古代画师在制作壁画时，采用了色相晕染、渐变的绘画方式来处理色彩之间的衔接处，有时还会运用金线、银线、白线、黑线来减弱纯度，产生视觉错觉，以此来减弱色相对比强度，使得画面更加细腻柔和。早期的敦煌壁画，色彩普遍由于绘画方式影响不是非常鲜明，又因为日久变色的原因，色彩趋于平淡，使得画面色彩之间的关系不协调。从隋代直至唐代，当时中原绘画影响着大多数壁画，并且色彩对比相对更加明显。色彩对比极为显著。例如，北周的洞窟，主要运用了蓝紫色和橙黄色色相对比，虽然整体对比强烈，但是色彩之间调和的不够协调，产生了明快艳丽、粗犷原始的感觉；隋代的洞窟，使用黑色、棕色、暗红色作为画面主色，搭配了蓝色、白色，画面色彩丰富，色相对比强烈，产生浑厚、深沉、雄伟；初唐的洞窟主要是以暗红色搭配绿色、白色为主，产生了明亮、稳重而又灵活的画面效果。（图 4-26）

图 4-26　第 254 窟

3. 明度对比

明度对比是两种以上色相组合后，由于色彩深浅的不同所产生的色彩对比效果。明度对比的内容主要包括同类色或不同色相之间的深浅对比，明度对比相较于互补色对比更加的低调隐蔽。明度是画面表现的重要形式，明度对画面的影响也直接对其艺术性有更为重要的作用。对于敦煌壁画中的明暗对比而言，明暗之间的差距较大，主要包括底色和上面其他将色彩的对比，而明度较为接近的颜色，其明度也较为相似。敦煌壁画中在色彩明度上多选用对比适宜，舒服的中调色彩。在高调中的色彩组合中，也会穿插一小部分的低密度的低明度色彩。因为变色的缘故，使得画面整体色彩明暗对比度拉开了较大的距离。壁画画面效果只有通过明暗的对比表现，来体现深刻寓意的画面内容，产生相应的效果。（图 4-27）

壁画中的色彩保持较好的是石绿色、石青色，蛤粉。从敦煌壁画的色彩配置中来看色彩明暗对比，由于变色的原因，壁画中的轮廓线，已逐渐变化成为黑色、暗灰色，在其他色彩的晕染之下加强了总体色彩包括底色与人物形象的明暗对比，但也有些相近的物体上,明度又比较接近。有些壁画由于画师的高超技艺,使得色彩基本没有发生变色,有也只是微小的变化,几乎看出出。如此一来,壁画的色彩对比极为鲜明。在壁画中表现明度对比,主要组合方法是通过表现平面色块的对比并置产生画面的节奏感,但是在色块之间没有有序的衔接变化,最终维持单调而有变化的整体画面效果。工匠们在绘画初期就产生了意识去表达色彩明暗对比,并不是进行了有规划的理性思考。进行明暗对比搭配,能够协调整体画面的组合,从而很好地将这种效果完全融入主要区域中,最终能很好升华画面的艺术效果。例如北周的第 428 窟,明显体现了明暗对比。图中的土红色底色和表现人物存在着不同程度的明度差异。北魏的洞窟,不同明度层次的大面积的灰色,再搭配上白色和不同彩度层次的蓝色,整个画面使人感受到统一、含蓄,静雅、高雅中不失活泼,稳重中带有生动。(图 4-28、图 4-29)

图 4-27 第 220 窟

图 4-28　第 428 窟

图 4-29　第 117 窟

4. 纯度对比

敦煌壁画就色彩结构而言，为了突显自身特性，一般是通过有效运用纯度对比晕染色彩。色彩的纯度对比不是很容易引起人们的关注，纯度对比其实是对于色彩的鲜明度来区分的，决定着画面色彩的丰富性。我国现存的敦煌壁画中，有相当一部分壁画保存的完好无损，由于当时使用了石青石绿等不宜变色的矿物质原料绘制的壁画，其颜色依旧鲜艳。画面中利用翠绿与灰绿、土红与朱红、中黄与灰黄的纯度对比，这种对比比起其他对比其作用是潜在的，表现了色彩之间丰富的鲜明对比。藻井图案色彩结构里经常运用纯度对比，它是通过运用由深而浅的晕染的方法表现各种颜色的色阶变化，加强纯度对比，从而突显纹样自身丰富的色相特性，使得画面更加具有立体效果。（图 4-30）

图 4-30　第 257 窟

5. 冷暖对比

人们对色彩会产生物理性和生理性的冷暖感觉。从色相环上能够明显看出色彩的冷暖变化。例如红色至黄色，是比较温暖的递进的色彩关系，其中红色为最暖色，蓝绿色至蓝紫色的递进关系，其中蓝色为最冷的色，颜色的冷暖是由于色相的不同从而引起不同的倾向，产生了冷暖变化的感觉，正是由于对比产生了视觉感受的变化，构成了色彩的独一无二的艺术价值。在敦煌壁画的色彩对比结构中，由于受到西域龟兹绘画风格的重大影响，画面底色主要以白色为主，在绘画颜色上主要运用了石绿、石青等以冷色调为主的色彩，并融入蓝色，使得画面更为鲜亮。通过对其细致分析，敦煌壁画采用的此类矿物颜料材质属性较好，坚固、不易变色、色彩明度较高，能够清晰呈现出来。除了冷色以外还会加入少许的暖色系色彩，这种色彩在绘画初期变化不太明显，但随着时间推移，颜色也会逐渐褪色。对于冷暖两种色系来说，单纯从观感上来说，由于冷色系不变色，能够在壁画中呈现较高明度，使人们产生强烈的视觉感受，同时其他颜色经过岁月的洗礼，颜色处于暗灰色，在此种低明度色彩的衬托之下，与石绿色、石青色产生鲜明的对比，在黑底壁画中突显了色彩在壁画中散发出的自身光彩。就敦煌壁画来看，可以明显发现色彩在进行冷暖对比时，壁画中的冷暖色系对比为画面增添了丰富性，观赏者能够深入其中感知到这种微妙的冷暖色系的渐变的色彩魅力，使人产生无限遐想。（图 4-31）

图 4-31　第 85 窟

6. 底色的运用

敦煌壁画的色彩丰富多彩，在整个画面中，底色的运用主要是根据不同颜色的比重以及使用的变化，作为衬托主体的色彩，起到对比协调的作用，从而使得画面非常协调和突出。底色作为整体色调的衬托，把色彩丰富，层次变化多样的整个画面联系成一个整体。如果缺少了底色的运用，只是单纯使用颜色绘画，壁画中明亮的色彩之间就会生硬、不协调。敦煌壁画最常用的底色是粉底或泥底，很少用黑色底、浅紫色底、淡蓝色底、红褐色底、深灰色底、淡黄色底等做底色，然后用红、蓝、绿色彩进行描绘，绿和红是互补关系，蓝和红是对比关系，三者并置运用晕染的手法描绘在粉底上，最终画面呈现色彩变化丰富和谐、细腻平服。第4窟的天王图，整幅壁画是在粉底上描绘的身穿红色铠甲天王，彩带是用蓝绿色进行描绘，体现了天王的威武和强壮。画面底色的制作是为了突显其他颜色的色彩搭配，起到了调和的作用，使得画面色彩鲜艳沉着又不失柔和之感，整体非常舒服协调。壁画中的底色能与任何颜色进行搭配，都能起到谐和、缓解画面中各种色彩之间的关系，给人带来沉稳，得体和大方的感觉。另外，敦煌壁画中经常运用深沉的不纯的土红作为底色，然后运用蓝绿色，明亮的颜色使得画面整体出现光效应，产生华贵绚丽色彩效果。中唐时期第231窟东壁门上的壁画，画面基地运用泥底的原色，侍女身穿土红色长袍，并印有浅蓝色花朵，为了加强服饰质感，并配有绿色腰带和头绳非常鲜艳明亮。土红的长袍与浅蓝色和亮绿、深褐色皮肤色完美地结合在一幅作品中，虽然侍女服饰非常简单，但整体颜色形成强烈对比，充分表现了富贵华丽的颜色配置结构，色彩与底色之间的对比，衬托出气派辉煌和典雅庄重的氛围。（图4-32）

图4-32　第231窟

《萨垂那太子本生》这幅壁画，底色是以绿色为主，穿插进鲜明对比色包括红、黑、浅黄、紫灰，明亮的色彩体现出了华丽的宗教色彩效果。大众在观赏壁画时，看到这些明亮的具有象征意义的华丽色彩，人的主观思想与壁画融为一体，仿佛置身于壁画的故事氛围里。

（三）同类色的运用

同类色即色相相近的几种颜色搭配在一起，为了突显画面的变化，同类似一般会以深、浅、冷、暖加以表现，通过同类色的运用表明，所用颜色种类的多少与画面色彩效果是否丰富并不成正比，并非都取决于它。除了来源于对比色、调和色的运用，更为重要的就是同类色的运用，同类色组合虽然非常简单，但能使其他颜色产生更加丰富多样的变化，使得画面更加和谐舒服。事实论证，如果进行盲目的不加选择的使用所有颜色，最终会产生平淡乏味的画面效果，反而不利于丰富画面效果。例如在敦煌壁画中，最为经典的色彩搭配是将黄绿色与黑灰色进行搭配，利用深浅不同的黄绿色来体现壁画当中人物独特的风格特点，符合我国古代“五色之变”的搭配规律。这种配色在隋唐洞窟法华经变之化城喻品中表现得尤为突出，画师在绘制壁画时大量使用石青、石绿，中间穿插以少量的土红、储石进行描绘。虽然色彩种类不够多，但是整幅画面一点都不会单调，正是由于画师将同类色与这几种鲜艳的主色合理穿插搭配，从而形成了错落有致，丰富和谐的画面效果。（图 4–33）

常见于元代时期绘制的敦煌壁画，将粉色、紫色、红色、橙红色等颜色大面积混合使用，再搭配大面积的黑、白、灰无彩色，辅以明度上的变化，鲜艳活泼之中又不失稳重。元代第 95 窟甬道上的虎头，画面底色是以粉底为主，运用红橙、深沉的紫红与较鲜艳的红进行配置组合，可以看出这组壁画运用了色相上为色相环上 90° 左右的类似同类色配置：粉底作为高明度与中低明度配置组合；将较鲜艳的颜色配置在无彩色的大面积的灰中调中。这种配置使得整幅壁画对比强烈但又不失调和之感，产生的是明亮、饱满、活泼、威严、沉稳的效果。

中唐 158 窟中的卷草图案，利用绿色与黄色的进行配置，属于 90° 内色环上的邻近色配置，利用了居中的黄、绿与黑色、灰色底等纯度色彩进行搭配，显现出明快活泼、沉稳和谐的丰富层次，反应的不仅是表面上的色彩关系，而是真正意义上的民族特征。敦煌石窟壁画艺术在运用色彩配置过程当中，将表现的情景万物概括为平面化的色彩配置，并将绘画颜料自身的变化更加利用起来，使得颜色之间既能相互联系彼此，同时又能独立的彰显艺术自身，最终使的敦煌石窟壁画中的复杂色彩结构配置与主体景物结合，产生最大限度之上的统一与和谐。（图 4–34）

图 4–33　第 3 窟

图 4–34　第 158 窟

北周时期，位于敦煌莫高窟 428 窟南壁说法图中，画中底色运用的是土红色，无彩色黑白灰颜色来描绘飞天人物全身，整体的色彩配置运用了中长调包括了高明度的白、中明度的灰，低明度的黑，与土红色底色完美搭配而成，虽然使用了大面积的无彩色配合，但不同深浅的同类色成了打破画面土红一种颜色的零对比，使整个画面具有活泼、粗狂、雄伟等极为震撼的效果。北魏的254窟也运用了类似的色彩配置，利用同类色中长调灰强调等配置，在大面积渐变的灰色中配置上不同色彩变化的蓝色和白色，使观赏者感受到了壁画传达出来的统一、含蓄、雅致、稳重、生动、高雅等气息，同类色配置较多的运用在敦煌早期的石窟壁画里。（图4-35、图4-36）

图4-35　第428窟

图4-36　第254窟

三、敦煌壁画的色彩配置

（一）红、绿、蓝配置显得华丽高贵

敦煌石窟壁画，红、绿、蓝三色组合描绘在粉底或是泥底之上是比较常用的搭配方式，能够形成鲜艳饱满的视觉效果，特别是随处可见有红色必有绿色与其搭配的色彩配置规律，三种颜色结合会产生强烈的对比关系，使得壁画色彩对比度鲜艳夺目。红色和绿色在绘画领域里具有互补的关系，红色和蓝色则是对比关

系。第 4 窟的飞天图和天王图等壁画，底色是粉色，天王身穿红色铠甲，彩带则是运用绿色和蓝色交织而成，整体的色彩布局体现了天王的魁梧与威严的气质。敦煌石窟壁画在选用颜色时，基本采用的是纯度不是很高的土红色，搭配蓝绿色能够产生华丽高雅但不艳俗的强烈光感效应。飞天的裙带也大都是红绿交织，当光反射到石窟当中呈现的奇妙的光影效应，整幅壁画呈现出绚丽富贵的视觉效果。类似的色彩搭配还包括中唐时期在莫高窟绘制的侍女图像，侍女身着蓝色、土红色相间的长袍，系着明亮的绿色和蓝色的腰带和头饰，采用泥底作为底色，极好地展示出侍女服饰光亮的丝绸之感和唐代开放大气的时代特征。《维摩诘经变——吐蕃赞普与各国王子》绘制于第 237 窟东壁，大面积的人物身穿土红色长袍，搭配绿色腰带和头绳，将大面积的红色和浅蓝色和亮绿色搭配起来，突显了丝绸材质的光泽质地，三种颜色打配具有烘托整幅壁画的宏大辉煌氛围。（图 4-37）

图 4-37　第 237 窟

（二）蓝、绿配置给人清雅的田园景色

蓝、绿色也是敦煌壁画色彩配置的固定原则之一。蓝色的色彩给人的感觉是质朴稳重，石绿的色彩感觉则是清新淡雅。在敦煌壁画中蓝色多为水天之色，绿色常做山石颜色，在浅粉色的底色之上，整两种颜色的搭配常常运用在表现山水风光的壁画当中，一轻一重两种颜色组合构成了清雅朴实的空间氛围。敦煌壁画之中有大量的青绿山水，很多都采用了蓝、绿色配置的原则，在淡淡的赭石色的底子上，配有白色和绿色，石青点苔，土红色搭配浅绿色，从而构成了壁画的不同调性。青山绿水大面积地配合蓝色的瓦顶，交织出一幅宁静的山水田园画。在色彩搭配上画师采改善了以往的面积分配比例，将土红色底的面积扩大，白绿的只是用在极少数的衣裙上，充分地将泥底层突显出来，打破了起初土红色的单调性，增强了画面中的层次关系，使得画面产生了光彩响亮的效果。同时又将特别强烈的色彩进行了削减，整体的色彩关系将明度距离拉开，配置一深一浅，从而产生在大面积深色底上配置一些小面积的亮色，呈现出生动活泼鲜明闪烁的画面效果。敦煌 61 窟中五代时期的山水画，画面中将青山绿水作为大面积的色彩分配，搭配小面积的粉墙蓝瓦，整体描绘在泥底之上，呈现出温馨宁静的田园风光。《观音经变——胡商遇盗》绘制在第 45 窟南壁上，同 61 窟比较接近，在泥底上运用大面积的青山绿水作为主色调，然后局部点缀上土红色，其画面效果也是非常安逸的。（图 4-38、图 4-39、图 4-40）

图 4-38　第 61 窟

图 4-39　第 45 窟

图 4-40　第 61 窟

（三）黑、白运用巧妙鲜明、积极、活泼

在敦煌石窟壁画中能够看出，黑、白色系占据着重要位置，并起到了调节画面的功效。尤其是在人物、建筑、山水风光的边缘线条勾勒和画面留白以及色彩晕染，常常运用黑、白颜色来均衡画面的整体布局，产生协调画面的作用。我国古代的水墨山水画，采用不同明度的灰色作为基调，是一种非常普遍和常见的表现手法。黑、白色尽管看起来十分低调，但也是敦煌壁画色彩配置当中不可缺少的一个重要组成部分，很多壁画由于在泥土底色之上又加了黑、白色调打底。敦煌石窟当中不少石窟里的山水画底调也采用了黑、白色配置的方式，大面积的黑、白色块仿佛成为承载其他色彩的容器，不仅能够稳定画面，又能够使其他颜色拥有更好的展示空间和搭配变换的空间。榆林窟第三石窟的“普贤”变，画面完全运用黑线绘制完成，构成了画面中的灰色调子，某些部位略敷淡彩，底色以白色为主，画面背景选用水墨山水，这时期为了说明画面，有时会在亮色上描绘一块重色颜色，并在上面题上说明文字。第 61 窟之中的山水画，也是运用了黑色重色块颜色，将一大一小不等的黑色方块安置在画面中，对壁画起到了装饰画面的效果，同时加强了对比度，并通过黑色稳定画面整体色彩布局，促使画面呈现出鲜明、清晰、活泼、安宁的视觉效果。（图 4-41）

图 4-41　第 61 窟

(四)黄色和纯红色运用较少

敦煌壁画中,除唐代外,其他朝代几乎很少运用黄色,主要是以石青、石绿为主。正是由于敦煌壁画的底色,大多是以粉底泥底为主,只有在早期运用了土红,运用黄色、白色两者之间色度太接近,画面缺乏明暗对比,减弱了画面中的色彩配置。可见,在敦煌壁画中画师没有大面积的运用黄色就是由于两色过于相似接近,不好区分。如果再绘画的过程中,加强其两色的对比度,黄色和白色之间相互搭配,也可以补救两色搭配所产生的模糊等画面效果,出现较好的视觉效果。在《敦煌壁画色彩应用与变色原因》中曾经表明过,只要避开黄色、白色直接搭配,就能弥补黄色和白色搭配上的不足,可以运用间隔法,在黄色和白色之间添加明度较低的中间色,如果这样结合间隔分离两色并用,其画面效果会有明显转变。(图 4-42)

图 4-42　第 272 窟

(五)金色点缀

在敦煌壁画中运用金色的部位也是非常多的,壁画中大多是在人物的头饰、衣服等部位小面积的运用金色，很少大面积运用，金色点缀使得画面呈现富丽堂皇，起到画龙点睛的作用。金色在古代是高贵与权势的象征，是皇室的标志。即使是飞天和天王像，最多也只能使用红色来突显他的权势地位。光线的变化折射到金色上，也会给壁画带来不同的色彩变化，受光时，黄色会更加靓丽，相反背光时，黄色则相对暗淡。金是一种看似微不足道但实际功能巨大的颜色，金色一直作为一个比较中性的颜色，为壁画增添了一丝灵动，金色调节了画面中深蓝色、灰绿色、黑色带来的沉闷感，使得整幅壁画处于比较合适平衡的色彩配置结构。金既可与红黄类颜色和蓝绿类颜色配置，成为经典的色彩对比，又能与其他色系例如黑白色进行搭配。在敦煌壁画中，金色最初都是运用在佛教题材上，以此来突显其神圣。但是后来由于金色不容易褪色的特性，以及色彩自身的性质，为壁画增色添彩。由于历史的冲刷，壁画整体色调昏暗，正是金色的使用使得壁画熠熠生辉，使本来灰暗沉闷的画面光彩艳丽，始终能够保持壁画光彩神秘的感觉。颜景亮在《敦煌石窟壁画色彩分析》中也介绍，在敦煌壁画中，金色具有一定的象征意义，代表着佛教的神圣光辉，同时金色材质的特殊性使得画面永不变色，金色依旧熠熠生辉，与其他颜色形成鲜明对比。如 61 窟的壁画，金色运用在人物衣袖边饰等小面积的部位，尽管面积不大，但也为画面增添了神圣的视觉效果。初唐第 57 窟南壁的《观世音菩萨》，金色也是被运用在画面中心人物菩萨的衣袖头饰以及边饰，小面积的金色与大面积的灰黑色、蓝色、绿色形成明显对比，削弱了画面沉闷的色彩效果，为画面增加了神圣华丽之感。（图 4-43、图 4-44）

图 4-43 第 57 窟

图 4-44　第 57 窟

（六）调和色运用广泛

敦煌壁画中，调和色的使用占据重要的位置，表现在以下几个方面。一方面画面中凡是在颜料中加入铅丹的，后期颜色都会呈现黑色、棕色、黑蓝、灰蓝、棕黑色等变色现象。敦煌第 335 窟位于主室北壁的说法图。画面中只有石绿色还保持原样，人物皮肤和服饰的颜色都变成了棕黑色，经考证都与加入铅丹调色变色有关。另一方面，敦煌壁画为了获得不同明度的颜色，一般都会将白色作为混合颜料调入其他颜色中，以此增加了画面色彩的丰富性。在窟顶的藻井中可明显看出加入不同分量的白所形成的颜色效果，画面中的石绿呈现出三四个不同明度的颜色，利用同一色相不同明度的色彩绘制，充分表现出立体感和空间感。据析，除了朱砂、石青、石绿等几种不变色的颜色外，其他都已经发生了变色等现象，可以推断敦煌壁画大量运用了调和色。（图 4-55）

敦煌壁画以其高超的技艺恰到好处地体现了古代画师在借鉴基础的同时，创造型地改造了外来的色彩观念，在绘制壁画的设色上已经形成了一套较为完整的理论体系。根据敦煌专家的研究，纵观敦煌壁画发展历程来看，敦煌壁画的色彩发展，是随着朝代的发展而演变而来的，从最初的继承中国古代传统的用色技法，到后来在布色方面达到了辉煌的阶段，经历了从产生到成熟的色彩体系的发展过程。画师在色彩结构布局上，擅长使用天然的矿物色包括石青、石绿、红色系，并利用底色衬托画面色彩、色彩的冷暖对比、色彩之间的相互并置等手法，以其在固有色的基础上增加了色彩的多样性，使画面色彩更加丰富多彩、色彩斑斓，并最终形成了独特的民族风格。敦煌壁画艺术体现了古代画师的智慧，在其整体的色彩体系、用色技巧、设色方式等方面无一不体现出了他们高超的技艺与独特的审美情趣，为当今壁画艺术的发展提供了极其珍贵的资料。（图 4–46）

图 4–45　第 335 窟

图 4–46　第 328 窟

第五章 敦煌壁画的绘制技法剖析

一、敦煌壁画不同时期的制作工艺

魏晋南北朝时期，我国的壁画艺术已经发展到成熟时期，从内容、技法、色彩、工艺等方面已有了很大的提高。当时，石窟较为盛行，由于其洞窟自身环境特点，壁画才得以长期保存。石窟壁画的制作工艺是：首先将开凿的石壁上抹上一层约 1.66 厘米厚的草拌泥（所谓草拌泥就是在土泥中加入麻筋或麦草）抹平压实。待其干透后，在表面抹上一层用胶水或米汤搅好的稀泥，干透后再涂一层带胶的白浆，干后即可作画。大多数的石窟采用这种形式，将底子处理成白色，然后在上面进行绘画，目的是将颜色通过底子上的白色来衬托，从而使得颜色更好的显色，取得了变化丰富的色彩表面。

颜料则主要包括红色和青绿色，红色包括红土和朱砂、蓝色包括石青和青金石、绿色石绿、白色的白至和高岭土、黑色墨等。从绘画的表现技巧上，风格比较粗犷，不强调细致刻画，以大而整的笔法绘制，采用表现凹凸的西域明暗手法即“天竺遗法”，对面孔部位的前额、下巴、鼻子等处涂上白色，采用高光技法制造了立体感。北魏北凉时期的莫高窟壁画，为了表现画面的立体感，在画法上采用多色晕染的西域画法，整体风格较为古朴、笨拙、简单、但形式美感还是比较强的，如第 254、257、272 窟等。石窟中用于壁面基础是用红土为颜料，形成了单纯明快、浑厚朴实的暖色调，除土红色外，绿色使用的比较多，以石绿、铜绿为颜料的绿色用于天衣和光背。人物轮廓线上采用了先用粗线围绕，再从外到里阴影逐渐变浅的绘画手法。此线原本是粉红色，但随着时间的推移，颜料被氧化而变成了黑色。北魏时期，画面由北凉的暖色调多转为北魏的冷色调，画面中背景的红底色和人物肤色大多为黑褐色，构成了蓝绿黑色的搭配，使的画面效果更加丰富、厚重。这一时期佛教刚刚从印度传入中国并兴起，敦煌莫高窟壁画风格多为异域绘画风格。（图 5-1、图 5-2、图 5-3）

图 5-1　第 254 窟 图 5-2　第 257 窟

图 5-3　第 272 窟

西魏时期逐渐传入中原风格，壁画风格变得清新，开始与中国传统文化逐步融合，大规模地出现了“中原风格”的壁画，并且出现了丰富多彩的局面。故事画中出现了更多的中原画法新因素，在装饰天空的画面中，也出现了具有汉晋风格特点流云、飞华，使整幅画面具有空灵、流动的效果。这时期的壁画多以白色为底色，如249窟，285窟顶，开始在泥底上刷一层白垩粉或石灰再画，有时底色也会有石青色和土红色。同时，也形成了明确流畅的绘画风格，画面中强调了线条的运用。无论是从风格上，还是从表现手法上，既有中国式的绘画技法，又有西域传来的艺术风格，体现出了色彩纷呈、生机勃勃的气息。（图5-4、图5-5）

北周壁画“中原风格”和“西域风格”出现了融合的趋向，形成了以中原传统风格为主，兼及西域风格的特点。第290窟中的壁画，就是这两种风格的充分例证。壁画运用了蓝、棕和绿等不同颜色进行描绘，利用晕染手法将各种景物组合，使得整个画面呈现透明变化的色彩效果。北周初期敦煌壁画中的飞天、佛像等人物在形态上受到了南方艺术的影响，具有秀骨清像的艺术特色，后来由于北周与西域的交往密切，敦煌艺术又受到西域的影响，使其艺术风格有了新的改变。北周除了沿用原有的晕染方法外，出现了所谓“五白”晕染，这样的晕染更加细腻，人物多以土红线画出，色彩简淡，艺术形象更趋生动。（图5-6）

图5-4　第249窟

图 5-5　第 285 窟

图 5-6　第 290 窟

隋朝时期的石窟基本沿用了魏晋南北朝时期的制作工艺，但是更加细致，如在地仗层的制作上有了粗细之分，白灰层中也出现了粗细之分，颜料更多地使用混合颜料，但其水平还处于初步的水平。壁画的色彩中较多采用了红色颜料朱砂，质量较差的朱砂运用在次要的或是底层部分，主佛的嘴唇或者颜面等着色面积小的部分使用了染料鲜明、均匀的上等品朱砂。隋代绘制壁画中的菩萨衣饰、山林树木、屋宇建筑、装饰图案时，主要运用青、蓝、绿色颜料。由于隋时的经济发达，制作工艺上也达到了很高的水平。隋代壁画绘画方法也比以往更加成熟精湛，采用重色晕染，可以概括为两种：一是由中原传来的晕染新法；另一种是由西域传入的凹凸晕染法，使得描绘的图像呈现了刚劲、柔和、舒缓、迅疾等丰富多彩的极具个性的特征，形象刻画意足笔到，逐渐有场面描写，线条处理简练、刚中带柔，体现出写实的朴实美感。第420窟、427窟人物描绘就是典型的中原晕染新法，则以混合红土和铅丹的土红色为基础，用红土和墨混合的褐色画方格，在其内里面用青色青金石和绿色石绿表现了花和叶子，并且在方格里面对白色颜料石膏添加非颜料滑石用来画联珠文，在联珠文里面重新用青色和绿色颜料青金石、石绿涂上彩色。（图5–7、图5–8）

图5–7　第57窟

图 5-8　第 420 窟

唐代敦煌壁画受到中原风格的影响,画面题材广泛、场面宏大,线条运用也更加成熟,色彩更为浓丽。晚唐时期在第二层细泥中加入了沙子和胶泥,增加了壁质的坚固性和柔韧性。在颜色的运用上广泛使用了多种颜料,随着隋朝混合颜料的使用逐渐增多,其唐朝染料更加柔软,种类丰富,除了石色以外,草色和金属色也被大量运用;使用较多的主要颜色红色和绿色颜料,采用了朱砂和红土及孔雀石和石绿。此外青色颜料采用青金石和石青,白色颜料采用石膏、哈粉、蛙石等。在设色方面,打破了以往的原色强烈搭配对比,而是运用混色、间色搭配,并且调入黑色、白色,增加了画面的层次感。贴金、贴银的绘画技法数量也逐渐增多,画家和匠人在壁画的绘制上表现出优雅和清朗的气氛。

初唐时期石窟艺术承袭隋朝的风格,较多采用了红色朱砂和青色的青金石,绿色石绿等色彩。人物表现手法上基本抛弃了西域式凹凸法表现，而是以线描为主，配合相应清雅、含蓄的色彩晕染。壁画中强调主线与辅线的搭配关系，如用线以铁线描为主，多用疏体画风表现，壁画艺术整体呈现出清新淡雅的美感。

随着唐王朝政治经济的逐渐强大，盛唐时期敦煌壁画的风格也随之发生了很大改变。例如在线条的运用上，使用了自然奔放的兰叶描，画面用色加入了浓重醇厚、丰富大胆的装饰色彩。表现形式上增加了沥粉堆积，使得画面更加具有线条的立体感和表现的装饰性。第 45 窟、217 窟的壁画充分体现了灿烂辉煌的盛唐风格，是最具有代表性。造型极为工整，颜色以金、绿、赭红为主调，立体感颇强，华丽的璎珞、锦裙罗衣，臂钏搭配其中，充分体现了开元盛世的时代风格。盛唐时期的壁画以吴道子为核心达到顶峰，吴道子添加准确描画轮廓线等独特技法，促进了壁画样式的发展。（图 5-9、图 5-10）

中唐时期的壁画在技法上摒弃了前期华丽的绘画风格，保留并发展了唐初的线条和渲染方法，人物采用线描表现凹凸，画面非常细腻，通过强硬的笔线掌握对象的精确性。此时期的颜料，红色采用了红土和朱砂，青色采用了青金石，绿色采用了石绿等，非颜料则采用了滑石和方解石等。（图 5-11、图 5-12）

图 5-9　第 45 窟

图 5-10　第 217 窟

图 5-11　第 427 窟

图 5-12　第 159 窟

晚唐期的壁画在颜料采用处，红色采用了红土，青色采用青金石和蓝铜矿，绿色采用了石绿，白色采用石膏等，青色和绿色是与白色混合使用的，比单独使用的更多，黄色颜料则除了橙黄之外，在头光的边缘部分和装饰品部分采用了金颜料。随着研磨技术的发展，无机颜料的粒子被研磨的更加细长均匀，使用效果比前期的染料更加柔和。非颜料则有方解石和滑石等。但是在这里需要留意的是，这些颜料在这一时期并不是共同使用于被建造的石窟壁画中，只不过说明了根据调查分析的颜料的主要成分。这一时期金箔使用得较多，人物的姿势或表情以写实形式表现，部分粘贴了金箔而突出华丽效果等，色彩的运用技巧高超，画面的装饰效果也明显提高。（图 5-13）

图 5-13 第 156 窟

五代初期在地仗层的制作上在第二层加入了石灰、麻筋撞紧压平。作为壁画的线描法，直接采用了唐朝自由描画笔线的兰叶描，与能够感受笔力的传统画法相比，线的笔力变得弱化。从壁画的形态上，也是直接模仿晚唐时期而感受到形式化，从前写实主义人物表情和从色彩上多样而优美、华丽的表现技艺等也进入到五代之后显得衰落。颜料的使用也与唐朝类似，但是从色感的表现上，比唐朝感觉有些粗糙。颜色是以绿色和红色为主色调，此外有红褐色和多褐色，用在主色调的颜料则绿色采用石绿，红色主要采用了红土。（图 5-14）

宋代时制作工艺已经达到了纯熟的程度，同时又有了经验记载。其绘制方法与艺术风格有明显模仿唐和五代壁画的倾向，但技巧更加熟练，描画圆润。宋代建筑家李明仲在《营造法式》一书中记录了壁画绘制的工艺程序。规定：在制作壁画时，先用粗泥铺底，待稍干时，再在细泥中加入麻筋、竹篾等进行搅拌，在第一层底上进行平涂，然后将细砂泥铺盖在上面，在自然晾干到半干时将其表面压平，当画面完全干后，在表面刷上用轻胶水或豆浆混合的白垩土，等完全干透后，再在表面刷一遍胶矾水，干透即可作画。

图 5-14　第 61 窟

宋代初年，敦煌壁画在用色上，一定时期内善于将绿色来作为底色，在色彩结构上来说具有鲜明的色彩效果，这时期的绘画风格的发展，可以说是在色彩方面的最后的变化发展，不再使用铅白颜色，而是使用其他颜色进行调色。因为后人发现，用铅白颜色画出来的作品，使用久远以后就会发暗变污，有的甚至会发黑，所以，这个时期的壁画颜色保存较好。贴金工艺也有了一定的发展，创作了沥粉贴金，其工艺是将土进行研磨、过筛，加入胶水搅拌成糊状，然后装入特制的粉囊，通过粉尖挤出所需要的形象。加入了沥粉贴金工艺，使得整个壁画作品更加立体，更具有装饰效果。（图 5-15、图 5-16）

元代比较盛行的是寺庙壁画，根据其制作工艺分析总结，其制作过程包括：将细砂、黄土、麦秸秆、麻筋用水将其和匀，在壁面上厚抹一层，半干时压实，然后用瓦刀将其表面划以斜纹，为了加固第二层泥浆。第二层先将黄土过筛放入大锅，用水和成乳状，然后加入白麻纸捣碎，浸泡一到两天，再加入细纱黄土搅拌均匀涂抹于壁面上，再半干时压紧压平。最后涂上一层胶矾水，待干

后即可作画。（图 5–17）

图 5–15　第 55 窟

图 5–16　第 207 窟

图 5-17　第 465 窟

在用色上，主色是以赤、青、黄、黑、白为主，其中搭配以绿、紫、粉红、黄褐、浅青等五色进行混合最终形成的间色。矿物色主要以石青石绿为基础色调，熟练运用红土，朱砂、土黄等各种对比色。画面中绿色和茶褐色明显增多，红色颜色逐渐减少。作为茶褐色来说，它不是画面原本的颜色，而是将白色和红色混合使用而产生的变色。沥粉堆金的技法在这一时期的壁画中也经常使用，这种技法具有一定的装饰性，能够使得画面产生一种富贵典雅、壮丽奢华的感觉。（图 5-18）

图 5-18　第 465 窟

明清时期的壁画保存较为完好，其工艺制作过程包括：先将黄土过筛后将粗砂、石灰、麻筋和成糊状涂抹于壁面上，第二层是用纸浆、碎棉、细土拌匀，涂抹于壁面上；干透后再刷白粉加胶矾水，干透后即可作画。在用色上，较多的使用了石青、石绿、朱砂等多种矿物质颜色，特别在人物装饰的主要部位上大量使用描金和沥粉贴金，使得画面呈现金碧辉煌的效果。

古人绘制敦煌壁画也是分步进行的，总体上有六个步骤。

（一）地仗处理

将石窟表层处理好，为绘制壁画打下基础。壁画通常以建筑物的墙体作为载体，壁画的特性决定了它是存在于建筑物的墙体上。当时，在墙体表面做灰层俗称地仗层，目的是为了抗御自然界各种侵蚀保护墙体，成了敦煌壁画的底面层，是洞窟表面与壁画衔接的重要组成部分，所以地仗层最终成为敦煌石窟壁画的载体。作为绘制壁画的第一步，地仗层制作的好坏决定后续绘画的一系列制作工序是否能顺利进行，并且最终能够决定颜料层的颜色效果。所以地仗层的制作在底色制作中尤为重要。

第一层：粗草泥层。工人先将洞窟石壁表面修整打磨处理好，接着就开始进行两层地仗层的制作，取洞窟附近的粉质沙土，将麦秸草放入沙土，将其调制成泥状，用刮刀压抹在洞窟的砾石岩面上。

第二层：细泥层。一般采用莫高窟窟前宕泉河河床的澄板土，将麻筋切碎，混入到泥土中将其搅拌均匀，最后，将调制好的泥土涂抹在第二层上。

第三层：白粉层。待完全干透后，将高岭土或石灰膏之类的白色粉料，在细泥层上涂刷一层即可，这样就完成了底色层的基础制作工序。接下来就可以在制作好底层的墙体上进行壁画的绘制。

在敦煌壁画中，这三层制作并不是所有的洞窟内基础工序都需要，有些洞窟内并不需要这么复杂，没有细泥层和白粉层，只需要简单的粗泥层，这些都需要根据洞窟墙面实际情况和画师的需求而定。

（二）画稿

从敦煌藏经洞里出土的大量的壁画可知，古代敦煌的画师们在绘制壁画前要设计画稿。古代敦煌壁画的画稿可能有两种来源：一是依据粉本，多为以往的粉本，或以粉本为参照从中加以富有个性的变化与改造；二是画师的即兴创作。

1. 粉本

经研究，敦煌壁画从性质上求讲，有用于供养的佛教尊像、画工的信手练笔之作，有洞窟壁画底稿、佛经故事画、又有相面术图、坛城曼荼罗等特殊用途；从表现形式来分类看粉本，包括白描稿、以墨色为主略加色彩的白画、雕版印刷白画等，一般是将这些绘制于纸上，但是有时也有少量的绘制于绢、麻布等上。古代称白描画稿和小样为粉本。粉本的制作方法大多数画师是先将墨线画在纸上，然后沿墨线用长小签在纸上打上小孔，有的是在上面覆盖一张纸打孔，如敦煌出土的五代北宋初期的粉本。粉本有两种，一种是在敦煌发现的用多层厚纸或羊皮制成，在厚纸或羊皮上绘制的线描，沿线刺有小孔，至少从隋唐开始就已经使用这种粉本。一种粉本则是画稿小样，称为白画，粉本自流行起来，这两种粉本被大量的运用在敦煌壁画中，虽然产生于不同民族、不同地域、不同信仰，不同功能建筑，但最终形成了画面相类似的壁画作品。通过这些白描稿，我们可以推断，敦煌壁画的粉本也有不同的类型。不同类型的粉本有不同的尺寸大小和不同的使用方法。例如，有的是将全部内容汇于一卷全壁整铺的大型粉本；有的是画师们为了便于携带使用，将粉本分为若干部分，利用化整为零的办法制作中型粉本；有的是针对画面中的具体的细节和主要人物描绘绘的小型粉本，如千佛像就很有可能运用小型粉本作重复排列，而卷草等图案则是用小型粉书作正反的重复排列，各类粉本相互补充，画工一般都是先依据大型粉本进行构图布局，然后再参照中小型粉本将画面中具体形象进行细致的勾勒。

敦煌壁画的粉本来源有三种途径。其一，是依据前人留下的粉本，传抄摹写。古代许多壁画画工，在一定程度上运用了画行中传留或中古时期寺观壁画的粉本。从敦煌出土的粉本的材料上可推断这类粉本的来源,厚纸和羊皮的耐久性好且易于搬运,可供多次反复使用和长途运送而不损坏。因此,当时的画师很大程度上是根据国内流行花样和外来画样绘制壁画,之所以我们在遥远的敦煌仍可寻找到如曹家样、张家样、周家样、吴家样等来自两域和中原的画风遗踪,原因很可能于此。其次,粉本的流传和反复使用也体现在敦煌同一时代不同石窟壁画构图的一致性上。但是,有时画师也会根据实际情况进行复制、移改,人物形象的挪动与重组,多个粉本的结合、借用,正反运用等,将其进行不同程度的选择和改造。其二,是选择前人已经绘制成功的壁画作品对照速记摹写。敦煌壁画中许多壁画即使是不同时代只要是同一题材,在构图和形象设计上都有极大的相似之处,这应该就是因为对工程巨大且技术难度要求都非常高的壁画创作,无论敦煌壁画的创作者们是著名的画家或是普通的工匠,往往都需要参照前人绘制的壁画,再加以富于个性的变化与改造。其三,是画师的创作研究发现古代敦煌的画师不仅是依照前人的粉本和壁画绘制壁画,他们也会创造出新的画样,并推出新的画样。敦煌莫高窟第 17 窟中在藏经洞中发现了大量的样稿。从这些画稿来看,突显了当时画师们精湛的绘画水平,也为后人对于敦煌的创作提供了壁画的手稿和底稿等范例资料。

2. 即兴创作

在敦煌.很多处壁画显示古代画师们在起稿时不仅只使用粉本,而常常即兴起稿,在壁画上最明显的表现,如画有无数个卷草图案使得人们初看上去是二方连续,但经过仔细观察后竟然每个图案都不一样,在很大程度上表明是古代画工即兴创作而成。许多壁画的损坏处显示,壁画没有使用粉本,而是用黑墨以手画绘成着色后再用墨覆盖,洞窟内一些描述性场景画,有时参考画稿而不使用粉本,明显是手绘作品,通常见于易于绘制的墙面上。

（三）画稿上壁

地仗层完成好以后，画师根据样稿在墙面上运用红土或墨勾出线描，并在上面标上记号以便敷彩。

经研究表明，敦煌壁画的画稿上墙基本分为两个部分。一是划分墙面，二是粉本上墙或是手绘上墙。古代敦煌壁画的画师或是依据粉本的大小和形状，把石窟划分为多个区域以便确定画稿和粉本制作，但无论如何他们在上墙前要把整个洞窟壁画划分成小块。敦煌壁画墙面上至今还能看到当时画工所留下的土红色粉线痕迹，当时画师为了确定形象，用红色方格绘制位置，从这些遗留下来的红色线条可以看出画工很可能是使用弹线的方法绘制粉线。把墙面分割为多个小的面积后，画工就可以在粉线轮廓的周围，无须担心画像的尺寸只需留意形象表面的细节或依粉本或即兴创造，十分自由。以粉线标定画面的位置，粉本确定形象的轮廓线。古人用这两种方法解决了把线描稿移置于大面积墙体上的难题。

粉本的使用也就是画稿的上墙的基本方法是先顺着画面的墨线，用针刺成连续的小孔，俗称“扎谱子”。然后将粉本固定于墙面上，用兜着色粉的小布兜沿孔线拍打，通过粉本的小孔将留下红色粉末连成的轮廓，然后画师再沿点勾线，连线形成轮廓。而具体地讲，粉本的使用应更加灵活多变。

（四）勾勒线描

壁画粉本上墙之后，就需要勾勒线描。开始可用淡赭石水勾一遍，之后再勾较深的线，在壁面上勾线，有许多线是无法勾顺的，所以在墙面上勾线允许逆向和顺向同时勾勒，即左右开弓、两头对射的画法，但是要注意气韵相通，骨法用笔。另外，出现很长的建筑物直线条时，也可借助界尺，用画界面的画法画线。

（五）着色敷彩

画师上好稿后，徒弟按线条所勾出的轮廓和色标进行上彩。所谓“色标”，就是在绘画过程中根据每块应放置的色彩，如常见的文字有红、黄、青、绿、朱、赤、紫、白等，在画面中标注出各类色彩文字、相类似文字、其偏旁部首等具有提示性的符号或文字。由记载表明，在绘画史上一些如吴道子等著名的画家，作画一般仅仅作白画，而不设色，然后由工人弟子按照“色标”将画面布色完整。不仅绘画史有如此现象，根据敦煌研究院专家学者对洞窟壁画的大量临摹知识及见解，敦煌绘画在这方面也有明显表现。在敦煌一般都是师父先起稿在墙壁上，标注上色标，然后再由弟子工匠根据色标进行涂色完成壁画。上起西魏，下至五代，在敦煌壁画中很多脱落的部分的底面会显露出非统一的色彩，而是用不同的色彩所写的符号或者文字，写于底层的文字都与上层描绘的颜色是一致的。敦煌壁画显露的色标证明了敦煌壁画的绘制并不是由两个画师绘制，而是由大批画工根据粉本等资料有组织的进行的集体创作，充分反映了敦煌壁画布色以及集体绘制程序。同时也说明中国画以描为重，描为轮廓之经营，线条之表现，历来以位置与骨法为主，设色次之的独特的艺术特征和审美追求。

（六）调整勾线

上色完后，最后进行总体调整、晕染出人物的主要部位，勾线完工。

二、敦煌壁画所用颜料的种类

古代矿物色大致分为矿物色、土色和染色性的动物色、植物色等色，种类相对较少，除了这几类颜料以外，还出现了铅粉色，为了提高颜料的光泽度和色度使用的辅助剂。敦煌壁画中发生变色的部位都是使用了铅粉。绘制用的颜料都由画师自己直接将原料碾压成粉末状，有的还要经过烦琐的程序制作才能使用。虽然古代制作出的颜料品种不多，包括红、黄、蓝、绿、黑、紫、金、白等，但是这些矿纸质颜色保持时间久远，安全性高，易于保存，历经千年也不褪色，有着其他颜料无法比拟的纯度与色泽。用动、植物制造的颜料相比容易变色、褪色。敦煌石窟壁画所使用的大部分颜料，都是在敦煌当地采集制作而成，包括矿物色系中只有石青、石绿、雌黄、朱砂、白云母、雄黄等几种。土色系颜料有绿土、黄土、白土、岱赭、贝壳蛤粉、黄赭石、门垩等几种。动植物色系的种类有洋红、胭脂、藤黄、番红花、青岱、藏红花、靛蓝、草汁、蓝花等。因为在古代矿物色的种类不多，为了增加画面色彩，丰富矿物色色相，往往将天然矿石色以烧制的方法进行加深色相，此外还有从其他地区运输过来的青金石、红土、蛤粉、朱砂等比较稀少的颜色。我国石窟保护研究专家对敦煌莫高窟中的各个朝代、44个洞窟中壁画颜料进行了采集，分别利用X射线的物相分析和X射线荧光分析了白、红、蓝、绿、黄、金、银色、棕黑八种颜料共292个样品，归纳出敦煌莫高窟所用矿物质颜料如下。

（一）白色颜料

古代画师使用的白色颜料包括高岭土（白土）、石膏（硬石膏）、石英（水品末）、白垩、云母、滑石、白铅矿、碳酸钙铁石、氯铅矿、角铅矿、硫酸铅矿。白色颜料中滑石含量多的具有滑润感，能够起到润笔的作用。敦煌壁画的白色主要是滑石粉、高岭土、少量的蛤粉、白垩，敦煌各时期洞窟顶部以及南北朝时期的说法图等都是以白色为底色。唐宋时期很多洞窟主要是以白垩为主有时加入其他成分作为白色颜料；自西魏起有些洞窟的白色颜色发现会加入一些石膏；到宋代时期，有些洞窟是以石膏作为主要的白色颜料，然后其中再加入白垩、滑石、石英粉等，直到元朝白色颜料基本已使用纯的碳酸钙铁石，或纯的石膏和硬石膏的混合物组成的石膏粉。当时，古代画师们也已经熟练地将白色作为调色颜料加入到蓝、绿等颜料中，最终调成不同明度的彩色颜料。例如，在氯铜矿石粉末中加入一些白垩等白色颜料，整体颜色将变成浅绿色，在雄黄和铅丹中加入石膏粉颜色将变成浅红色。后期出现了一种独特的白色颜料角铅矿，它是铅矿的次生矿物，陆续的也在浅色颜料中被发现。如唐代130窟中画面中的浅蓝色颜料是运用了石膏和白色角铅矿调配而成。

白垩，软质石灰石。分两种，一种是白垩纪灰白色的薄层火山灰夹层，经漂洗后去掉杂质，用纯白色作颜料，主要成分是碳酸钙，由远古海洋微小生物，如有孔虫、贝壳等沉淀堆积而成，含少量粉沙或泥质，主要是石英，形成于白垩纪海洋。另外也有红色白垩是因含有氧化铁（赤铁矿）成分故呈红色，是中国古代早已使用的颜料，公元536年以前就被称作"画粉"，在古代被用于壁画崖体的基础材料，在汉代和魏晋南北朝以后主要用于创作壁画的颜料。色洁白而经久不变，还是"沥粉"的原料，加热成酸化钙，形成二酸化碳素，发泡并分解。另一种是以方解石、文石、石灰石经燃烧成粉状，统称白垩。在考古中发现白绘彩陶上曾使用白垩和白云石的混合颜料。

高岭土，是使用胡粉之前使用过的陶瓷的白色胎土的原料。作为从中国景德镇附近的高陵山产出的泥土，模仿山地的名字叫作高岭土。高岭土不论在中国高陵地方，很多其他地区也容易找到。高领土是氯化铅和无水硅酸的含水化合物，长石类的岩石风化后，纯净的白色黏土矿易转变为凝灰岩、花岗岩、长石等，具有水黏性，这种土近乎纯白的黏土有一定的光泽感，并能起到润滑效果，但经过加热后，其水分蒸发后会逐渐的变硬。不同的地区会出现白、灰、黄等稍有差异的颜色。在中国高岭土广泛用来作为土墙上画的壁画底料。

蛤粉，必须用经风化十年以上的牡蛎为原材料磨成粉末。蛤粉又称为胡粉，蛤粉是辅色效果卓越而颜色不易变化，有光泽，粘贴力也良好，在中国古代宋以前使用广泛，多用于铺底或当白色使用，宋以后多用白垩代替。蛤粉的使用非常讲究，使用它前需事先做一些准备工作,用的不妥会出现发霉或剥落现象。蛤粉的流展性好,易于平涂,永不变色。

石膏,作为白色颜料,大部分是作为辅助材料或者是壁画颜料的黏结材料,应用范围较广,包括敦煌莫高窟、麦积山、炳灵寺、西千佛洞等石窟中都有运用。石膏乃矿物质,质地细密,石膏分生石膏和熟石膏(烧石膏)两种。莫高窟是从五代、宋朝之后,石膏才大量用于壁画颜料,当时主要是以硬石膏为主要成分。例如明代第51窟,画面中的各色颜料中均含有硬石膏和石膏。中国石膏储存量居世界前列,绝大多数省、自治区都有产出,其中以湖北应城为著名。

铅粉,从西域流入中国的颜料之一,是与佛教美术传播同时被推广的白色颜料。铅粉的化学组成是盐基性碳酸铅,白色粉末状。铅粉又称亚铅华、官粉等化学颜料,铅粉是在白色颜料中使用最早最多的人工颜料,非常纯净的白色,粒子均匀、细腻,在硫化物的作用下会变黑。铅粉打灰可分为生石灰、熟石灰,生石灰碱性强敦煌壁画中使比较多的是熟石灰,生石灰使用较少。作为从很早以前的中国古代即商朝至汉朝使用较多的白色颜料,在东方铅白完全取代了贝壳粉蛤粉。考察铅白的创作方法,其生成方式是将铅的薄板卷成筒,在塔状的容器中密封,下面加热,随着醋酸蒸汽和碳酸(二氧化碳)气体的送入,在铅板的表面,生成碳酸铅,既是铅粉。资料中记载此方法为中国传入方法的改良方法。

铅白在古代,妇女用它做化妆的白粉,叫作“锭粉”。铅白在空气中容易氧化,用于画面后时间一长会变黑,在教煌壁画中可以看到很多黑变现象,这就是当时的画家们将沿粉和硫化汞混合在一起时,在空气中氧化而变成了黑色,所以使用时要慎重,补救方法是用过氧化氢洗刷又会变成白色,叫“反铅”,但是双氧水对纸绢有腐蚀性。

（二）红色颜料

红土(包括赭石、铁丹、煅红土等)、朱砂、铅丹等都是混合矿物，由岩石风化后沉积而成，这些颜色除铁红外，其他颜色都会含有大量的石英、白垩、高岭土、滑石（或叶蜡石）及蒙脱石等黏土矿物，五代以后的铁红色彩很浓，不含石英，这说明很可能当时的人们已经掌握了用铁矾煅制铁红的基本工艺。

红土，用于壁画的颜料大都是在赤铁矿中产生，色调是根据粒子的大小产生颜色的差异，一般是从红色到紫色，主要成分为第二氧化铁，其红氧化铁含量较多，并且分布范围很广。从伊朗和印度等地生产的作为铁的最终产物天然红土，其特性相比较为稳定的化合物，不容易受到日光、热、氧气等影响。红土用于在丹青柱上涂红漆或者陶瓷上釉，在敦煌石窟壁画的魏晋南北朝时期用于做底色。

朱砂，其成分由水银和硫黄的化合物硫化水银组成。主要产于湖南、贵州、四川、云南等地。所谓“朱”名称目前是指人造硫化水银，但是以前对“朱”谓之真朱、光明朱、银朱等，这是为了用色彩来象征材质。关于颜料发出的颜色，虽然颜料的化学组成与晶体结构同样，但是根据颜料的粒子大小、形态、混杂物等混合，而色彩具有不同的鲜明度。朱砂颜色鲜艳稳定，能为画面增色添彩，但是在敦煌壁画中用量相对来说较少。

银朱，又名紫粉霜，指水银和硫黄人工合成的一种赤色硫化水银。银朱是我国传统的人造颜料，至少在公元前 2 世纪已能制造，将水银与硫黄合成而来。银朱在北魏时期的敦煌壁画中已被广泛使用，传入日本是在平安后期的藤原时代。朱砂和水银原与银朱同样的物质，之所以名称不同是由来于质量的优劣或者新旧的差异，从颜色上与朱砂没有很大差异。作为红色颜料主要使用朱砂，其理由是质量最好且用途也广泛，但是如果没有好的朱砂，则用银朱来代替使用银。银珠的传统制作方法是，铁锅中将水银和硫黄以 10∶2 的比例放入，充分混合后慢慢加热，则水银会自动变成银朱粉沾到缸壁上，周围的银朱光泽鲜明美丽，待凉了之后将这些结晶取下，后端刮起来收集。由这种方法加热混合，可以得到橙赤色、纯赤色、浓赤色等人造朱。根据这些朱的色调，中国叫黄朱、赤朱、黑朱，在日本分别叫它们黄口朱、赤口朱、镰仓朱等名称。人造朱，缺点是受到温度和湿度的影响容易变色，特别是黄口朱与铅白等铅化合物的颜料混用时，则有时会变黑。

铅丹又称红丹，是一种比较稀有的颜料，呈现明亮的橘红色粉末。在天然矿物质中产出，矿石的颜色也很丰富包括褐红、深红、有时是条痕橘红色，主要成分是四酸化三铅，也叫四氧化三铅，结晶属正方晶系。根据历史记载，铅丹的制作技术是在东汉时期由西方经丝绸之路传入中国的。铅丹虽然具有较好的可耐高温、抗腐蚀性，在油脂中扩散性很好，遮盖力强，但是不耐酸，容易遇到硫化氢作用时变为黑色的硫化铅，暴露在空气中，有生成碳酸铅变成白色的现象。从敦煌石窟与青海省瞿昙寺中考证得出单独使用的铅丹年久会变色，而与朱砂调和使用的却不会变色。

（三）黄色颜料

黄色对于地球来说成为太阳的轨道，与太阳相近，从此意义上又称“黄道”。黄色颜料有黄土、石黄、黄赭石（含有铁元素），发色成分是针铁矿，与红色的铁矿共存，铁矿中一般都有红色的氧化铁和黄色的氧化铁。目前矿物性颜料使用的少，主要使用如橙黄等植物性颜料，但存在颜色持久不了的缺点。从矿物性颜料石黄中，皆产出雄黄、雌黄、土黄，其名称是根据色彩的深浅程度区别。黄土，含水酸化铁，主要成分是氧化铁和氢氧化铁，黄土是所有的土地上都能随手而得的一种黄色土性颜料，是不变色、不褪色的安定颜色，与酸化铁系的红色颜料紫红漆一样，主要产于甘肃，在人类生活中的各个领域内都属最古老、最早被使用的一种颜色。黄土不是单纯地用于染纸或者绸缎，在中国古代人物画中也经常用来涂颜色，因产地不同，色相会有所不同。在美术史上最早记载使用黄色的是秦代阿房宫，其中壁画的黄即为黄土。

石黄为正黄色，雄黄为横黄色，雌黄为金黄色，最后土黄色是表示土的黄色。石黄是硫黄和砒霜的化合物硫化砒霜。天然石黄是从鸡冠石产出，光线持久照射会分解变成赤黄色。石质较柔和，如果表面松脆，色彩暗淡。其主要产地在中国的甘肃省，尤其在湖南有雌黄的最大生产地。矿石黄色颜料分类包括土黄、石黄、雄黄、雌黄，其颜色是像鸡蛋一样一层层的分层产生的，出自于同一原矿石。雄黄、雌黄、土黄等，皆从石黄中产出。若将铅粉用做石黄的底色，则会变色，土黄主要成分是氧化铁及氢氧化铁，也有独生的土黄矿，存在于最表层，表面疏松有杂色，色泽暗淡；石黄是正黄色被包在里面第一二层；雄黄为橘黄色，在黄金石中被石黄矿包裹着，雄精色泽更深，雌黄较少见，颜色较雄黄浅，偏黄。作为石黄的制造方法，首先为了去除味道，煮了之后分开飞水处理，这样可以得到浓淡的色彩。雄黄属石黄，雄黄有稍带光泽色浅和叫作雄精。与雌黄一起生产，但比雌黄坚固质感柔和，呈杏红色，属于历代壁画中常用于服饰的色彩。磨粗石萃取颜色的方法如下，粉制的先用水煮在阳光底下晾干之后，倒酒搅拌均匀磨之后与胶水合在一起利用漂法重新分开。敦煌早期壁画中很少看见黄色，中晚期黄色也比较少，说明古人对石黄颜料的应用极为谨慎。

（四）青色颜料

石青蓝铜矿石，属青色盐基性碳酸铜，通常为孔雀石共生矿，化学成分与孔雀石相似，自古就被十分重视。在《中国画颜色的研究》一书中，根据外形和产地将分为空青、金青、绀青、曾青、白青等种类。“石青”是在中国从明清时代起被统一命名的。根据原料的粗细、深浅分为头青、二青、三青。《芥子园画传》中有关石青的制造方法如下。“将石青放入灰泥中，慢慢地撒上水均匀地磨，不能太用力，用力过度则容易变成青粉，力量太小也会产生青粉，但量少，充分磨完之后装入陶器，将干净的水一点一点地倒入同时搅拌，然后稍待一会儿将上面浮着的粉末倒出来装入其他容器中，这叫作油子。油子作为青粉用来服装的染料使用；中间的一层为非常好的军青，用于画正面的青绿山水；底部一层则光泽深而用于涂已形成轮廓的叶子或者绸缎的背面，这上、中、下层就是头青、二青、三青。青色颜料是在东方壁画中最受重用的颜料，不仅用于敦煌壁画，在中国中部地区的宋、明朝壁画中用的也很多”。

青金石，属于贵重矿物质颜料，其光泽度高、色彩艳丽，从色相看类似于天然矿石颜料的群青色。天然青金石与金等同，都比较稀有。在敦煌莫高窟等古代石窟壁画及彩塑都有使用青金石，是蓝色使用较多的洞窟。从北魏至隋使用时间较长，特别在早期作品中大量使用了青金石。除了作为壁画的颜料，还用于装饰各种工艺品，其色感尊贵、庄严、神圣，隋代以后敦煌壁画就很少见到。

我国产地稀少，主要产于阿富汗东北地区。根据章鸿钊的《石雅》对青金石的记载青金石在古代，谓之壁琉璃、琉璃金、金星石、瑾瑜。此外还有天然群青、蓝群青、佛头青、佛青、回青、回回青等很多种叫法。青金石在东汉之前的史料中被记载为缪琳，元朝时为蓝赤，如今青金石的名字是对矿石本身冠名的，并非画家所取。其主要成分为氰亚铁酸盐第二铁酸，将铜矿石系统的扁青石粉碎制造呈深青色，其粉末越细，染色越浅呈现亮青色。敦煌石窟等包括波斯和中国等地的寺院壁画早已采用了青金石，在东西交流活跃的隋朝和唐朝时期，古代商人和画师将青金石作为珠宝或壁画的颜料，除了壁画用得较多外，元明清多用在宫廷用品、装饰品上。

（五）绿色颜料

石绿，原石名孔雀石，由于颜色酷似孔雀羽毛上斑点的绿色而获得此名。孔雀石产于铜的硫化物矿床氧化带，成分为天然盐基性碳酸铜，是历史最悠久的色彩鲜明绿色颜料。根据颗粒粗细、冷浅之别分为头绿、二绿、三绿，在远东地区普遍用于绘画的颜料，将孔雀石粉碎作为绿色颜料石绿加以采用，粉末均匀，石绿表面粗糙，色彩均匀，无明暗，本身重量轻不坚固而易碎，石绿颜料下笔舒适，是古代最常用的矿物颜料之一。敦煌早期壁画应用比较广泛，隋代以后敦煌壁画应用较少。石绿经飞水过程可以获取各自不同的几种石绿,石绿中颗粒最粗、颜色最浓的一般用于画厚绿色叶子、花卉、图案或者在绸缎上画草原绿色的配色。色彩暖深,沉稳而又淡雅的光泽,浅石绿用于画草绿花和绿色叶子的配色,在场面以蓝和橙黄混合的草绿覆盖。最浅的石绿为白绿,用来涂叶子的背面,涂正面时采用中色度石绿,显示叶子在色感上的变化。

铜绿,为合成颜料也叫铜青,成分为氧化铜,自然生成。光照下颜色不变,在铜矿山自然生成。铜绿的色彩呈青色和黄色混合的中度色彩,色彩具有稳重感。这是在中国最初制作的化学颜料,在敦煌石窟的供养菩萨图像的背面涂为铜绿色。从古代开始传下来的铜绿的制作方法则将黄铜图制成板,用醋泡一夜之后埋入糠,用微火烧焦之后刮出铜绿。

（六）黑色颜料

黑色颜料可以分成所谓黑石脂的矿物性颜料和所谓百草霜和通草绘的植物性颜料,在东方主要采用的墨黑有松烟和漆烟。

黑色,中国是从周朝时期开始使用了墨,古人制作墨的材料有石墨和松墨两种。墨启用于周朝,属于至今继续使用的绘具之一。墨的色彩有黑、深灰色、青色、褐色等,大致可以分为青墨的赤紫系以及茶黑的褐色系统。气墨是将煤烟与胶水混合在一起固化制作,在韩朝末墨的制作技术似乎很发达,但未能扩散,之后进入魏、秦朝首次制作了松烟墨和漆烟墨。在宋朝之后采用桐油烟制作了油烟墨,元、明、清朝时代松烟墨和漆烟墨,皆有制作。尤其明朝的松烟墨以青墨颇有名声。随着时代的发展,墨的种类出现很多种,有对将古松烧焦制作的煤烟混合而成松烟墨和用烧焦桐油的煤烟制作的油烟墨,以及烧焦桐油或清油、麻油、猪油制作的漆烟墨,油烟墨是随着制造的季节呈现出颜色上的差异。墨不易褪色或者变色,通过现存的绘画也可以了解这一点。例如,在汉朝时期在木匾和纸张、绸缎上的画的墨至今尚未腐蚀,维修时将书籍或者水墨画长时间地泡在水中,仍然不会弄污或者融化。墨是将松树或者植物油烧油时产生的煤烟与胶水混合在一起固化制作,而这样的制造方法在汉朝末已经商用化加推广。以后经过魏晋南北朝时期进入唐朝和宋朝之后墨的制作技术进一步发展而制作出了如松烟墨等油烟墨,元朝时期制作了淡烟墨。在宋、元、明朝时期,有关墨的制造和使用记录比较详细,告知墨的起源和古代制墨的技术,《天工开物》中提到了采用煤烟制墨的方法。

黑石脂,在无机颜料中黑色只有黑石脂,由晶体形态的碳形成。作为在商国汉朝之前主要使用的黑色,也叫石墨。石墨主要为炭,此颜料放入嘴里会粘在舌头上,质感光滑,呈浊色。曾经将黑石脂经过细磨用来画人物的胡子、眉毛和头发,但是自从制出墨之后,被墨代替而减少使用。虽然用法较难,但具有永久性,比颜料轻常用于描绘。

百草霜为植物性颜料,又叫灶突墨。百草霜为烧松树枝和叶子制作的最好,颜色黑,而且粘贴力较强。烧焦草木的煤烟制作的极轻细腻而必须混合胶水。百草霜主要用于画人物的头发或者胡子或者动物的毛。在古代建筑的彩绘中,经常用于涂面积广阔的场所,中国敦煌或者寺庙壁画中采用墨线的一部分就是采用百草霜画的。据清朝邹一桂《小山画谱》中的记录百草霜为烧草的灰,用滤网筛出,混合稠胶水之后倒入研钵研磨而成的,就像蓝淀的制造方法,淘米一样淘之后再使下沉。通草灰又叫灯草灰,是一种药用植物,通草的制作方法则将通草放进铁筒里面烧制,呈暗黑色无光泽,质感像天鹅绒柔软,因此早已用来画人物的头发或者胡子、眉毛以及蝴蝶斑等,其效果与众不同。

(七)动植物颜料

在远古时代,人类已经利用有机颜料将布进行染色,之后动植物色素也作为着色材料运用在绘画中。动物性有机颜料,从动物的分泌物中萃取的有从昆虫萃取的洋红、用喂芒果叶的牛的尿制作的印度黄、用墨鱼墨水制成的乌贼墨色等。

植物性有机颜料为植物萃取物，可以从花或者树的树液、树叶中获取。但是植物性颜料在光照下会脱色，采用隔离空气和光线接触的方法，可以减慢脱色的速度。合成有机颜料指以人工制造和从动物性和植物性有颜料中萃取的色彩同样的色彩，颜色和明度、彩度多种多样，坚固性也可以分为多层。动植物的颜色以黄色和红色为主要系列，各个颜色的代表性的则白色无有机颜料，红色有机颜料为红花、洋西，黄颜色有机颜料有橙黄，绿色有机颜料有杨梅和竹芋。黑色的墨水和煤烟等与其它有机颜料相比具有长久不变色的特征。

胭脂是染色用的红色色素，恰好适合于绘画的一种着色材料，将一种叫作红花（红蓝花）或者茜草、紫草茸混合制成的颜色。从很远古的时代就已经被使用。除了绘画，在商国封王时期，榨取红蓝花的汁制成胭脂用于女人化妆，这又叫“桃花妆”。植物性自然颜料，会随着时间褪色得比较厉害。另一种“生胭脂”是指从一种寄生于南美仙人掌上的红虫中抽出的色素，这种红虫在新大陆被发现后引进，称为“洋红”。“生胭脂”，是用苏芳的皮兼汁，与贝壳胡粉糅合制成的，它是红紫色着色材料，多为人工合成色素。而目前使用的洋红，动物的洋红色素比植物色素制成的胭脂鲜艳。

红花为在汉朝时从印度流入中国的最具代表性的红色有机颜料，在古埃及或者波斯也有采用、褪色。对如沉香或璐香等香料不能耐受而用红花染物装沉香或寮香保管则容易。

洋西，中国从周朝开始为染料使用了红色有机颜料洋用。洋西和青色有机颜料一起从很久以前就采用，从根部可以萃取色素加以采用。

黄色有机颜料藤黄、橙黄田、黄菜，栀子皆为植物性颇料，呈黄色。除了阳光直射会褪色，其他的因素不易引起变色，但作为植物性有机颜料，不像矿物性颜料有稳定的分子结构，因此如胭脂或华青，时间久了会脱色。植物性黄色颜料有藤黄、黄蘗、栀子等三种藤黄图像是在热带地方的海藤树皮上挖出洞,萃取从洞中流出的胶质的黄色汁之后晾干硬化的。将竹筒挂在树上待流下来的树液填满之后直接放置,然后待干之后拿出则成为圆筒形藤黄,这就叫“笔管藤黄”。藤黄为越南产的最好,其次是缅甸和泰国。藤黄又叫“月黄”,这是越南的“越”字的简写,这个颜料在唐朝之前流入了中国,又叫“真腊画黄”或者“林邑之黄”。《本草释名》里记载的郭义恭《广志》中写道:“在中国湖南省和湖北省等地生活着的居民们会将开在悬崖上的海藤花的花蕊掉在石头上面之后收集起来,这叫沙黄。在树上采集叫作蜡黄。”如今因误传而叫作铜苗或者蛇矢,这都是严重的错误。周达观在《真腊风土记》里写道:画里的黄色为树脂,是将外国人用刀砍伤树干之后,流出来的收集到下一年的这就叫藤黄。对藤黄加热过度,则除颜色不鲜明之外,藤黄会带红光的同时变硬,因此需要用水化开再用。黄粟又叫“黄木”,呈深褐色,具有防虫和防腐的功能,要防止蛀虫熬成液体状态之后混合胶水制成油膏状态加以使用。栀子用于中药材和食物的染色,剥皮粉碎、熬成液体状态之后使用,在绸缎上画画时用来做底色。重叠涂几回漆,则呈黄色。熬成油膏使用的话,则色彩鲜艳透亮,甚至可以替代藤黄。

藤黄,古代文献中有“同黄、铜黄”等的讯裁,藤黄色泽鲜亮,是古人研制药物时提炼出的有毒性的药物,同时也是一种植物颜料,敦煌壁画中据记载应该使用过藤黄,但是由于时间久远,它又是植物色容易褪色,现在几乎看不到。藤黄是在唐以前从西域传入中国,后又传向日本,产地有越南、缅甸、泰国等。藤黄是将海藤树树枝切开一个小口,将切口处流下的树脂滴入竹筒中使其凝固后,剖开竹筒将棒状的树脂取出,在绘画时加水用砚研磨使用,属于有机颜料。藤黄与花青调和能出透明绿色,可以泡水川,但不能用热水,一定用凉水泡开使用。目前藤黄还是常见的植物色,以透明状截面有蜡样光泽者为上品,截面中能看见杂质,混浊不呈现透明状的为次品,发色不如前者,藤黄有毒不可入口。

蓝植物性颜料有靛蓝、靛青,《天工开物》中有五蓝:蓼蓝、茶蓝(即松蓝)、苋蓝(即小叶蓝)、吴蓝、马蓝、蓼蓝也叫花青(Chinese indigo),属草本靛青,这种青色材料也叫“青代、青黛、靛花”等,古书《通志》中讲:“蓝三种,蓼蓝染绿,大蓝如芥染碧,槐蓝如槐染青,三蓝皆可作淀,色成胜母,故曰:‘青出于蓝而胜于蓝’。”另外,中国目前俗称“花青”。传统花青是把草本植物蓼蓝叶泡水后和石灰调和沉淀所形成的蓝色染料。因已越来越难取得,目前由于蓼蓝叶市场上很难购买,大多数是以人工合成的靛蓝色素制成,为人造颜料。

蓝是自古以来被用来做染料或者作为颜料,主要在用水墨画的画中和水墨一同用于水墨淡彩画。尤其是南宗画风的水墨淡彩画有名之后,对植物性颜料的使用广泛起来,与胭脂和藤黄一同经常用于山水和画鸟画等,还用在了高丽佛画。蓝同红色系列的胭脂,露在光照和空气中会迅速脱色。在很多的有机颜料中,比较受青睐的是蓝,因为从浅银色至天蓝色、深水色,颜色丰富多彩,可以与其他颜色或者周边环境相协调,是对天的敬畏和崇拜的思想激起了对如天色的蓝的喜爱。但仍有颜料中大部分为黄色和赤色,相反从绿色叶中萃取的蓝为植物性颜料中唯一的青色系列,不是将植物直接煮了使用,而是待成熟、发酵之后再使用。蓝是主要在印度、中国、韩国、日本等潮湿的地方栽培得较多,尤其是印度和韩国的蓝较突出。

从敦煌的壁画和唐朝的几种彩色中发现蓝用以石青的底色。蓝的叶子和茎折断放入缸里倒入碱液,然后在常温下作为还原的蓝的染色方法,有生叶染和沉淀染等,生叶染是取蓝的生叶汁用来染色的方法,在蓝的染色法中,就沉淀染而言,首先在倒入水的缸里放入采集的蓝之后在上面用石头压住,待蓝的色素浸泡出呈绿色光之后拿出石头再捞出蓝叶,将牡蜊粉石灰倒入缸里的蓝水中。制作蓝水和牡蜊粉比例的碱液,产生泡沫则用一天左右的时间沉积之后,浮在表面的黄水倒掉,沉淀物放在阳光底下晾干后制成沉淀染。将碱液倒入此沉淀蓝里进行发酵成色素,则用来染蓝水之后用流水洗,清除碱液晾干。

草汁是用前面讲过的“青岱蓝”与藤黄混色或重叠涂色后得到的一种绿色。蓝多则呈浓绿色,藤黄多则呈嫩草色,可随意调整色相。

(八)非颜料

非颜料是为了提高颜料的光泽和色度而被作辅助剂使用,主要用于配色。例如滑石可以使颜料显得更加光滑,或者像云母可以使颜料更加润泽。此外还有碳酸钙、菱镁矿、氧铅矿、黄酸铅矿、角铅矿等非颜料,民间画工们根据地域地理条件凭着丰富的经验精心挑选并且运用到壁画中。

滑石,又叫白墨或者长石,一般是从矿物中获取,其成分和高岭土一样,呈稍显灰色的白色,表面柔和,具有光滑的触摸感。

云母,种类包括金云母、白云母、黑云母、暗黑云母等。云母产量丰富并且方便购买,一般不易变色,替代云母银使用。云母具有层状结构,其质地轻难以与其他矿物质混合而,每次都需要搅拌之后才能使用。少量雄黄中加入云母进行研磨则获取金黄色的晶体色,在石青里添加云母则呈现柔和的光泽。

三、敦煌壁画临摹绘制技法

敦煌壁画的临摹,基本采用客观临摹和复原临摹两种方法。(1)客观临摹也叫“现状临慕”,即根据壁画现存的状况临摹下来,画中有残损或变色剥落也如实表现出来。(2)复原临摹顾名思义是对一幅壁画进行恢复原貌的临摹。这里面又有两种形式:一种是仅对变的画面色彩复原临摹,一种是对大面积残缺画面进行创造性的修补复原临摹。

(一)泥皮基底层的制作

采用五合板,背后加木支架,钉制成如画板的板块,然后用豆包布或麻布托裱在画板上。

（二）砂岩层

利用沙河乳胶混合搅拌后用刮刀刮在板子上，压紧，待干。

（三）泥草层

用沙漠河道中的“澄板土”（即下雨后留存在河道上面的一层细土块）。把土碾碎加入剪短的麻刀或干草，用动物明胶调和成稀泥浆，然后用瓦刀抹在裱有麻布的板上，抹匀、抹平即可，待干后即可用了，这里要注意：用胶不可太重，以能吸水为准。做好的泥板不能晒干，要阴干。

如果临摹敦煌早期壁画，做完板之后即可以开始画，但如果临摹唐代之后的画，可在画之前的泥板上刷一遍淡淡的胶水，也可加入适量的明矾，使其墙面变得“熟”性一点，敦煌的“澄板土”泥与沙的比例适中，所以不必刮多厚的泥浆，比刷油画布的底子厚一点（即盖住麻布，但又不见布纹为最佳）即可。

（四）拓稿

将画稿用复写纸拷贝在画板上，然后用胶带贴好剥落露出泥草层的部分。

（五）白粉层

调胶水：一般是将动物明胶，用温水泡开后，在锅里蒸化，同时加入适当的明矾作为防腐剂，避免日久变臭。

揉蛤粉：将蛤粉放在盘内堆成火山口状，再舀入一小勺稀释好的明胶水，像和面一样揉成团，反复摔打使其充分吃透，摸着像耳朵垂即可。

涂蛤粉：将蛤粉团用明胶水稀释好，用羊毛刷笔涂 2–3 遍，总厚度 1 毫米左右。

(六)第二遍拓稿

主要将壁画中的大色块进行区分,按照同一种颜色的排序进行填色。例如红色,有深红、浅红等,不用细分,都归纳为红色,细节将在下一步再画。

(七)勾勒线描与上色赋彩

壁画粉本拓印好之后,接下来就需要勾勒线描。开始可用淡赭石水勾一遍,之后再勾较浓的线,在壁面上勾线,有许多线是无法勾顺的,所以在墙上勾线允许逆向和顺向同时勾勒,即左右开弓、两头对射的画法。但是要注意气韵相通,骨法用笔。另外,出现很长的建筑物直线条时,也可借助界尺,用画界画的画法画线,画圆也可借助大号圆规。

线描勾勒完成并准备好颜色后,便可以上色赋彩。先把干调好的色粉放在小盘中,加几滴调好的胶水,用食指或中指肚,沿一个方向打圈,直到完全混合好。上色时需要多层面反复叠加,一般第一遍用较淡的颜色,待干后再用浓一点的颜色,用墨色也一样,先上淡墨,再画浓墨。先将大面积的色块涂上,然后将中面积的色块运用各种手法将其处理好,最后进行细节刻画。

(八)做旧

做旧是指把胶带撕去露出土层,根据画稿可用砂纸打磨,使得边缘比较自然,将其壁画自然残破的质感表现出来。

做旧的绘制技法包括以下几个步骤。

1. 衣纹处理

单线法:在古代壁画中,被经常用来处理人物边线或衣纹的方法,单线条的颜色主要为黑色、红色、精石色。

双线法: 主要运用在描画衣纹或服装的边,双线能起到了突出限定界限的作用。通常都与单线配合使用。

三线法：运用较少，通常是两种常规线中间夹一根白色或浅黄色或浅绿色线条，使画面中的线条在充满组合趣味的同时对物体的结构起到一定的强调作用，三线法在表现衣纹时，能展现出衣纹的立体效果。

2. 色彩处理

平涂法：是绘画中最为常用技法之一，主要用软毛笔或排刷将颜色平整地涂抹在画面中，同一色块内的颜色保持一致，基本没有较大的变化。

分层罩染法：也是绘画中最为常用技法之一，主要是利用毛笔通过一层一层的晕染，使得颜色过度更自然更丰富。同时，该技法也能表达壁画中形体的立体感。

并列法：在龟兹石窟中出现大量菱格纹，不同额色的菱格在人眼中能产生绚烂之感，同时，远看菱格纹，就会发现它所星现出的色是区别于单个菱格纹色彩而产生的并列色，与光的色彩原理类似。

混色法：我们在古代岩彩壁画中可以发现，大部分的壁画颜色基本都是由那几种相同的矿物质颜色绘制而成，但也有少数壁画出现了罕见的颜色，这些罕见的颜色有一部分就是出自于古人的“混色”，现存壁画中很多氧化变黑的部分就是混色的原因。

3. 形体处理

单线勾勒法：这种技法在壁画中是比较常见的，类似于原始绘画方法，具有抽象性、概括性立体性。用线条勾勒物体的外形时，注重形体结构的转折关系，强化立体感，线条感相衬较弱。

晕染法：敦煌壁画中最为常用的技法，使用毛笔将颜色一层层晕开，实现自然过渡。

总之，对于临摹，首先要对临摹对象进行仔细研究了解，只有对画面结构和表达的思想内容充分的认识理解，我们才能真正体会古代画师们的创造想象力。其次要通过对原窟经历了岁月变色残破的壁画进行深度分析，对各个时期的壁画的风格特点作细致的辨别。最后要了解各个时期壁画制作的程序和方法,要非常清楚壁画地仗制作以及临摹方法步骤,在临摹壁画时要做到心中有数,表达自如。纵观敦煌壁画,可以看到古代画师精湛的绘画造诣,为人类留下了千古绝笔的艺术瑰宝。

参考文献

[1] 段文杰 . 敦煌石窟艺术研究 [M]. 兰州：甘肃人民出版社，2007.

[2] 赵声良 . 敦煌艺术十讲 [M]. 北京：文物出版社，2017.

[3] 楚启恩 . 中国壁画史 [M]. 北京：北京工艺美术出版社，2012.

[4] 李永宁 . 敦煌石窟全集：本生因缘故事画卷 [M]. 上海：上海人民出版社，2001.

[5] 易存国 . 敦煌艺术美学 以壁画艺术为中心 [M]. 上海：上海人民出版社，2013.

[6] 段文杰 . 敦煌石窟鉴赏丛书 [M]. 兰州：甘肃人民美术出版社，1995.

[7] 庞薰栗 . 中国历代装饰画研究 [M]. 上海：上海人民美术出版社，1982.

[8] 胡明哲 . 胡明哲 龟兹面壁——岩彩绘画语法解析 [M]. 北京：高等教育出版社，2018.

[9] 王雄飞 . 中国岩彩画材料与表现 [M]. 杭州：中国美术学院出版社，2013.

[10] 马德 敦煌莫高窟史研究 [M]. 兰州：甘肃教育出版社，1996.

[11] 李泽厚 . 美的历程 [M]. 合肥：安徽文艺出版社，1994.

[12] 荣新江 . 敦煌学十八讲 [M]. 北京：北京大学出版社，2001.

[13] 敦煌文物研究所编，敦煌壁画故事 [M]. 兰州：甘肃人民出版社，1991.

[14] 欧阳琳 . 敦煌壁画解读 [M]. 兰州：甘肃文化出版社，2006.

[15] 刘进宝 . 敦煌学术论 [M]. 兰州：甘肃教育出版社，1991.

[16] 刘进宝 . 敦煌学通论 [M]. 兰州：甘肃教育出版社，2002.

[17] 赵声良 . 艺苑瑰宝 莫高窟壁画与彩塑 [M]. 兰州：甘肃教育出版社，2007.

[18] 史苇湘 . 敦煌历史与莫高窟艺术研究 [M]. 兰州：甘肃教育出版社，2002.

[19] 樊锦诗 . 专家讲敦煌 [M]. 南京：江苏凤凰美术出版社，2014.

[20] 黄骏 . 中国石窟壁画修复与保护 [M]. 杭州：中国美术学院出版社，2017.